하루에 **두** 마디씩 **왕초보**

일본어 배우기

하루에 두 마디씩
왕초보 일본어 배우기

2009년 9월 20일 초판 1쇄 박음
2018년 2월 20일 초판 5쇄 펴냄

지은이 국제어학연구소 일본어학부
펴낸이 황희재
펴낸곳 (주)국제어학연구소 출판부

출판등록 2010년1월18일등록제302-2010-000006호
주소 (140-846)서울특별시 용산구 원효로 1가 51-18호
Tel 02·704·0900 Fax 02·703·5117
홈페이지 www.bookcamp.co.kr

책임편집 문성원 · 한정화 · 유지현
표지 디자인 임원숙
편집 디자인 민선영
마케팅 김봉선
제작 조남교
MANAGEMENT 문혜란

ISBN 978-89-5911-095-7 13730

※ 가격은 표지 뒷면에 표시되어 있습니다.

하루에 두 마디씩 **왕초보**

일본어 배우기

# 머리말

영어와 더불어 외국의 중요성은 점점 더 중요시되고 있습니다. 새로 출범하는 정부도 영어몰입교육이라 하여 영어공교육에 사명을 갖고 매진하고 있을 정도니 말입니다.

명문대학에서도 대학졸업 때까지 영어이외에 제2외국어를 마스터시키고자 하는 것을 목표로 삼고 있으니 언어정복은 이제 피할래야 피할 수 없는 숙제라 볼 수 있습니다.

여기서 몰입교육이란 그 언어적 환경에 있지 못한 외국인을 최대한 그 환경에 가깝게 만들어 주자는 것인데 영어수업만으로 완전몰입은 어렵겠지만 시작이 곧 반이니 그 발전을 기대해 봅니다.

일본어는 이 제2외국어 중에서도 가장 친근한 언어입니다. 우리와 어순도 같고 같은 한자문화권이라 낯설지 않아서겠죠.

하지만 외국어를 마스터하기 위해서는 그 언어에 푹 빠져 미치지 않으면 안됩니다. 조금씩 천천히 익숙해져 오랫동안 길들여진 옷처럼 자연스레 입에서 베어져 나와야 비로소 내 것이지 않나 싶습니다.

이 책은 하루에 조금씩 회화를 익혀나가는 구성의 회화교재입니다. 설명은 되도록 간단히 하고 언니가 동생에게 가르쳐 주는 형식을 띠고 있습니다. 그 과의 관련내용이나 의문사항, 생활정보에 이르기까지 알짜배기들만 모아놓았습니다.

실제에서 일어날 수 있는 상황을 짤막한 대화와 더불어 학습하며 그와 관련된 어구와 단어도 습득할 수 있게 하였습니다. 아무리 친근한 일본어라 할지라도 외국어에 왕도란 있을 수 없습니다. 꾸준히 할 수 있기 위해서라면 재미있고 내 수준에 적당한 교재라야만 합니다. 어렵고 딱딱한 교재가 아닌 가볍고 실용적인 내용의 학습서를 만들기 위해 노력했습니다.

끝으로 이 교재가 나오기까지 애써주신 모든 분들에게 감사 드리며 독자여러분의 좋은 길잡이가 되도록 하겠습니다.

책의 구성

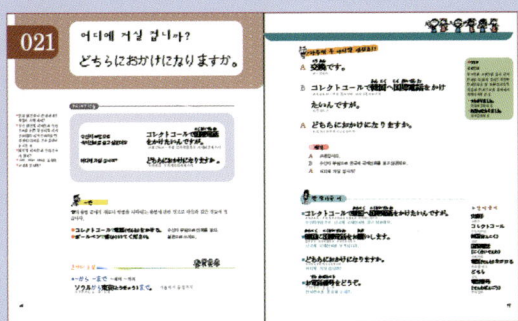

POINT 학습
일본어 회화에서 가장 기본적인 핵심 문구를 실었습니다. 포인트 학습이니만큼 꼭 익혀서 다양하게 활용하십시오.

손가락 문법
매 과에 나오는 핵심 문법으로 꼭 익히고 넘어가십시오. 간단한 문법이지만 단어를 다양하게 대입시키면 회화가 더욱 자유스러워지겠지요.

하루에 두 마디씩 배워요
이 책의 키 포인트랍니다. 언니에게 하루에 두 마디씩만 배우도록 하십시오. 가장 많이 쓰이고 가장 일반적인 회화를 실었습니다.

한 발자국 더
귀가 뚫리고 입이 열리기 시작하면 자꾸 욕심이 생기겠지요. 조금 더 욕심을 내어 도전해 보십시오.

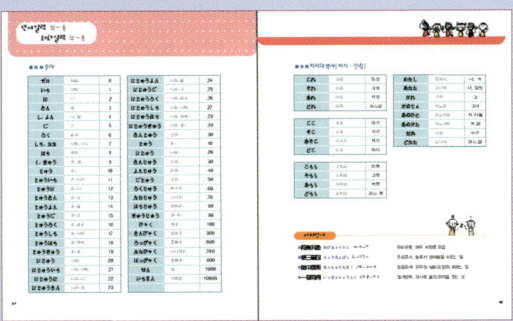

단어 실력 쑤~욱 회화 실력 쑤~욱
외국어 학습의 지름길은 어휘랍니다. 부족한 단어를 테마에 따라 분류하여 실었습니다. 숫자, 호칭, 날짜, 요일, 때, 날씨 표현, 위치, 방향, 건물, 비즈니스, 요리, 가구, 가전, 문구, 약, 형용사, 동사 등 찾아보기 쉽게 일목요연하게 실었습니다.

사자성어
공부를 하다보면 지루해지기도 하겠지요. 잠시잠깐식 선인들의 숨결이 묻어나는 사자성어를 보면서 릴렉스하십시오.

차례

머리말 04
일본어 발음 08

001 안녕하세요. - 인사 22
002 처음 뵙겠습니다. - 소개 24
003 몇 식구입니까? - 가족 수 26
004 좋은 날씨군요. - 기본 날씨 28
005 서울역은 어디에 있습니까? - 길 안내 30
006 버스정류장은 어디입니까? - 정류장 32
007 어디까지 가십니까? - 위치 설명 34
008 표는 어디에서 삽니까? - 표 사기 36
009 저녁식사에 초대하고 싶은데요. - 초대하기 38
010 실례합니다. - 방문 40
■■■ 단어실력 쑤욱 회화실력 쑤욱 42

011 많이 드십시오. - 식사인사 44
012 지갑을 소매치기 당했습니다. - 소매치기 46
013 여권을 분실했습니다. - 분실 48
014 여권을 보여 주십시오. - 출국·세관 50
015 예약하셨습니까? - 예약 52
016 빈 방 있습니까? - 방 구하기 54
017 어떤 취미를 갖고 계십니까? - 취미 56
018 신규입니까? - 계좌개설 58
019 이 편지를 항공편으로 부탁합니다. - 발송 60
020 예, 접니다만. - 전화 걸기 62
■■■ 단어실력 쑤욱 회화실력 쑤욱 64

021 어디에 거실 겁니까? - 국제전화 신청 66
022 신제품 카달로그입니다. - 비즈니스 68
023 머리를 깎아 주십시오. - 미용 70
024 어떻게 하시겠습니까? - 요구사항 72

025 시내관광을 하고 싶은데요. - 예약 74
026 입장료는 얼마입니까? - 입장료 구입 76
027 가능한 빨리 해 주십시오. - 세탁을 맡김 78
028 고장났는데요. - 고장부위 설명 80
029 꿈을 갖고 있습니까? - 꿈 82
030 여기서 입학을 접수하고 있습니까?
    - 입학수속 84
■■■ 단어실력 쑤욱 회화실력 쑤욱 86

031 어떤 집을 찾고 있습니까? - 집 구하기 88
032 맛있습니까? - 쇼핑 90
033 처방전이 없으면 안됩니다. - 처방전 92
034 감기에 걸렸군요. - 진찰 94
035 그거 다행이군요. - 격려 96
036 정각 2시부터입니다. - 시간 98
037 남자 분은 몇 명 있습니까? - 조수사 100
038 생일 축하합니다. - 생일축하 102
039 이것을 빌리고 싶은데요. - 대출 104
040 어디 나가십니까? - 만남 106
■■■ 단어실력 쑤욱 회화실력 쑤욱 108

041 먼저 실례하겠습니다. - 헤어짐 110
042 건강하십니까? - 안부 112
043 별고 없으십니까? - 오랜간만의 인사 114
044 감사합니다. - 감사 116
045 다녀오겠습니다. - 외출·귀가 118
046 늦어서 죄송합니다. - 사과 120
047 부디 기운을 내십시오. - 조문 122

048 슬슬 실례하겠습니다. – 자리를 뜰 때 124
049 소개하겠습니다. – 소개시키기 126
050 결혼하셨습니까? – 결혼여부 128
■■■ 단어실력 쑥쑥 회화실력 쑥쑥 130

051 아직도 눈이 내리고 있습니까? – 날씨 132
052 서울역 방면은 이쪽이 맞습니까? – 길안내 134
053 이 버스는 서울역에 갑니까? – 타기 136
054 좀 서둘러 주시겠습니까? – 재촉하기 138
055 1번 선에서 갈아 타십시오. – 갈아타기 140
056 가고 싶습니다만, 약속이 있어서요. – 거절 142
057 기다리고 있었습니다. – 맞이 144
058 몇 분이십니까? – 자리잡기 146
059 뭐가 들어 있습니까? – 도난 148
060 재발행을 받으십시오. – 재발행 150
■■■ 단어실력 쑥쑥 회화실력 쑥쑥 152

061 관광입니다. – 입국 154
062 1박에 얼마입니까? – 가격 156
063 아침 6시에 깨워주십시오. – 서비스 158
064 수박을 가장 좋아합니다. – 기호 160
065 돈을 찾고 싶은데요. – 출금 162
066 전부 500엔입니다. – 우표구입 164
067 공교롭게 자리를 비웠습니다. – 부재사유 166
068 끊지 말고 기다려 주십시오. – 연결 168
069 물건은 언제 받을 수 있습니까? – 주문 170
070 오래 기다렸습니다. – 완료 172
■■■ 단어실력 쑥쑥 회화실력 쑥쑥 174

071 이 스타일이 올해 유행입니다.
– 스타일 권유 176
072 어디에서 삽니까? – 관람 178
073 10일정도 걸립니다. – 날짜 재촉 180
074 어떤 사람과 결혼하고 싶습니까? – 결혼관 182
075 여기입니다. – 집구경 184

076 보여 주시겠습니까? – 옷가게 186
077 눈 주위가 심하게 아픕니다. – 안과진료 188
078 이 카드에 기입해 주십시오. – 접수 190
079 병원이 어디입니까? – 문병 192
080 정년퇴직했습니다. – 직업 194
■■■ 단어실력 쑥쑥 회화실력 쑥쑥 196

081 장마가 시작되었습니다. – 장마 198
082 저도 처음이라 잘 모르겠습니다.
– 잘 모를 때 200
083 한국호텔에 도착하면 가르쳐 주시겠습니까?
– 내리기 202
084 여기서 세워 주십시오. – 택시 204
085 다음 역에서 내리세요. – 전철 206
086 계산을 부탁합니다. – 계산 208
087 콜라를 부탁합니다. – 기내 210
088 곧 가져 오겠습니다. – 필요용품 212
089 체크아웃하겠습니다. – 체크아웃 214
090 어떻게 바꿔드릴까요? – 환전 216
■■■ 단어실력 쑥쑥 회화실력 쑥쑥 218

091 잠시 기다려 주십시오. – 연결 220
092 내용을 잘 확인해 주십시오. – 계약 222
093 곧 담당자를 보내겠습니다. – 클레임 224
094 좀 비싸군요. – 가격 흥정 226
095 좀 더 싼 것은 없습니까? – 전자제품 228
096 지금 품절입니다. – 서점 230
097 하루에 세 번 한 캅셀씩 드십시오. – 복용 232
098 이가 욱신욱신 쑤십니다. – 치과 234
099 올해 몇이십니까? – 나이 236
100 전화왔었다고 전해 주시겠습니까? – 전언 238
■■■ 단어실력 쑥쑥 회화실력 쑥쑥 240

일본어 발음

오십음도

	あ ア행	**か カ행**	**さ サ행**	**た タ행**	**な ナ행**
あ ア단	あ ア あし 발, 다리	か カ かさ 우산	さ サ さら 접시	た タ たまご 알	な ナ なつ 여름
い イ단	い イ いす 의자	き キ き 나무	し シ しんぶん 신문	ち チ ちち 아빠	に ニ にく 고기
う ウ단	う ウ うで 팔	く ク くつ 구두	す ス くすり 약	つ ツ つくえ 책상	ぬ ヌ いぬ 개
え エ단	え エ えび 새우	け ケ けしゴム 지우개	せ セ せんせい 선생님	て テ て 손	ね ネ ねこ 고양이
お オ단	お オ おちゃ 차(녹차)	こ コ こむぎ 밀	そ ソ そつぎょう 졸업	と ト とら 호랑이	の ノ のこ 톱

は ハ행	ま マ행	や ヤ행	ら ラ행	わ ワ행	ん ン행
は ハ	ま マ	や ヤ	ら ラ	わ ワ	ん ン
はな 꽃	まど 창	やま 산	からす 까마귀	わらい 웃음	でんわ 전화
ひ ヒ	み ミ		り リ		
ひ 불	みみ 귀		りす 다람쥐		
ふ フ	む ム	ゆ ユ	る ル		
ふゆ 겨울	むすこ 아들	ゆび 손가락	くるま 자동차		
へ ヘ	め メ		れ レ		
へや 방	め 눈		れいぞうこ 냉장고		
ほ ホ	も モ	よ ヨ	ろ ロ	を ヲ	
ほん 책	もも 복숭아	よる 밤	せびろ 신사복		

오십음도 쓰기

あ	あ			す	す		
い	い			せ	せ		
う	う			そ	そ		
え	え			た	た		
お	お			ち	ち		
か	か			つ	つ		
き	き			て	て		
く	く			と	と		
け	け			な	な		
こ	こ			に	に		
さ	さ			ぬ	ぬ		
し	し			ね	ね		

の	の			ゆ	ゆ		
は	は			よ	よ		
ひ	ひ			ら	ら		
ふ	ふ			い	い		
へ	へ			る	る		
ほ	ほ			れ	れ		
ま	ま			ろ	ろ		
み	み			わ	わ		
む	む			を	を		
め	め			ん	ん		
も	も						
や	や						

일본어의 발음

あ[a] い[i] う[u] え[e] お[o]

[아・이・우・에・오]라고 발음 하되, 「우」의 경우는 「으」와 「우」의 중간음 정도로 발음한다.
- 너무 「우~」하지 말 것.

か[ka] き[ki] く[ku] け[ke] こ[ko]

발음상 「K」음으로 표기하기는 했으나 실제로는 「k」와 「g」의 중간 정도로 발음한다. 한국인들이 [가・기・구・게・고]라고 해도 [까・끼・꾸・께・꼬]에 가깝게 들리므로 너무 세게 발음하지 않도록 한다.
- 단 2음절 이하부터는 된소리에 가깝게 발음된다.
- 첫소리는 [카키쿠케코]로 하겠음.

さ[sa] し[si] す[su] せ[se] そ[so]

[사・시・스・세・소]라고 발음하되, 「스」의 경우는 「스」와 「수」의 중간음 정도로 발음한다.

た[ta] ち[chi] つ[tsu] て[te] と[to]

か행의 경우와 마찬가지로 첫 음절에서는 그냥 [타・치・츠・테・토]로 2음절 이하부터는 [따・찌・쯔・떼・또]에 가깝게 발음한다.
- 단 つ의 경우는 「쓰」와 「쯔」, 「츠」발음이 애매한 관계로 「쯔, 츠」의 중간 정도로 발음한다.
- 표기는 첫음절 [타・치・츠・테・토] 2음절 이하 [따・찌・쯔・떼・또]로 하겠음.

な[na] に[ni] ぬ[nu] ね[ne] の[no]

[나・니・누・네・노]라고 자연스럽게 발음한다.

は[ha]　ひ[hi]　ふ[hu]　へ[he]　ほ[ho]

[하・히・후・헤・호] 라고 발음한다.
- 「후」의 경우 「흐」와 「후」의 중간 정도로 가볍게 발음한다.

ま[ma]　み[mi]　む[mu]　め[me]　も[mo]

[마・미・무・메・모] 라고 발음한다.

ら[ra]　り[ri]　る[ru]　れ[re]　ろ[ro]

[라・리・루・레・로] 라고 발음한다.

や[ya]　ゆ[yu]　よ[yo]

[야・유・요] 라고 발음한다.
- 「유」와 「요」는 너무 입술을 내밀지 않도록 한다.

わ　を [wa wo]

[와・오] 라고 발음한다.
- を의 경우는 조사로만 쓰이며 그 의미는 '~을, ~를'에 해당한다.

ん [η]

그 자체의 소리는 「응」과 「으」 사이의 소리로 애매하지만 뒤에 오는 글자의 영향으로 여러 소리가 나기도 한다.

탁음 · 반탁음

● **탁음**

말 그대로 탁한, 즉 흐린 소리를 말한다. 글자의 오른쪽 위에 점 두 개가 탁탁 찍혀 있고, 발음은 목의 성대를 울리며 「가・기・구・게・고」라고 하면 되지만 한국인들이 발음하기엔 상당히 까다로운 음이다. 탁점(「゛」를 가리켜 탁점 또는 니고리라고도 함)은 か, さ, た, は행에만 붙는다.

が[ga] ぎ[gi] ぐ[gu] げ[ge] ご[go]
ざ[za] じ[zi] ず[zu] ぜ[ze] ぞ[zo]
だ[da] ぢ[di] づ[du] で[de] ど[do]
ば[ba] び[bi] ぶ[bu] べ[be] ぼ[bo]

● **반탁음**

일종의 파열음이라 볼 수 있다. 「파」와 「빠」의 중간음 정도로 부드럽게 발음하되 조금은 「빠」에 가깝게 한다. 표기는 옆에 작은 「°」가 붙어 있다.

ぱ[pa] ぴ[pi] ぷ[pu] ぺ[pe] ぽ[po]

촉음, 요음, 묵음

● 촉음

일본 문자을 보면 「っ」가 글자 밑에 작게 붙어 있는 것을 볼 수 있는데 모음을 갑자기 멈추었을 때 표시되며, 한글의 받침과 같은 구실을 한다. 따라서 이 자그마한 「っ」자체도 한 박자를 지니고 있으며 앞에 어떤 글자가 오느냐에 따라 (か さ た ぱ 行) 발음이 달라진다.

つ + か行 ⇨ ㄱ	がっこう	[각꼬-]	학교
つ + さ行 ⇨ ㅅ	ざっし	[잣시]	잡지
つ + た行 ⇨ ㄷ	まったく	[맏따꾸]	전혀, 완전히
つ + ぱ行 ⇨ ㅂ	きっぷ	[깁뿌]	표

※단, 본 책에서는 편의상 한글 독음을 「ㅅ」으로 통일하였습니다

● 요음

「き, し, ち, に, ひ, み, り, ぎ, じ, び, ぴ」 옆에 「や, ゆ, よ」를 위의 「っ」와 마찬가지로 작게 써서 붙인 다음 한 음절로 발음하는 것을 말한다.

예 き + ゃ = きゃ 갸

「き, し, ち…」 등의 자음과 や[야]·ゆ[유]·よ[요]가 결합된 것이다.

● 묵음

글자는 있되 발음이 안되는 침묵의 소리를 말한다.
주로 か行 뒤에 さ行이 올 때 생긴다.
がくせい 「가꾸세-」가 아니라, u음이 묵음으로 「각세-」로 발음한다.

발음, 조사

● **발음**

오십음도 표의 맨 마지막에 나오는 「ん」을 어떻게 발음하느냐의 문제이다.
사실 이 「ん」은 「응」과 「으」의 중간 정도의 음인데, 다음에 오는 음의 영향으로 몇 가지 다른 발음처럼 들리기 때문이다.

① ん의 뒤에 あ, か, が, や, わ 행이 올 때나 ん의 맨 끝머리에 올때 ㅇ[η]으로 들린다.
   예 おんがく [옹가꾸] 음악

② ん 뒤에 ま, ば, ぱ행이 올 때 ㅁ[m]으로 들린다.
   예 しんぶん [심붕] 신문

③ ん 뒤에 さ, ざ, た, だ, な, ら행이 올 때 ㄴ[n]으로 들린다.
   예 せんせい [센세-] 선생님

학자에 따라 조금씩 달리 규정하는 경우도 있으므로 너무 이 발음을 의식하지 말고 자연스럽게 발음하면 된다.

● **조사**

다음의 세 경우에 조사로 쓰일 땐 다음과 같이 발음된다. 중요한 내용이므로 본문을 참조하는 것이 좋다.

❶ は → 와
❷ へ → 에
❸ を → 오

장음

● **장음**
말 그대로 길게 발음해 주면 된다.
히라가나의 경우엔 あ・い・う・え・お를 사용하고, 카따까나의 경우엔 장음부호(ー)를 써서 표시하면 된다.

① あ단의 장음 ⇨ あ를 붙인다.
　예) おかあさん　오까ー상　어머니
　　　おばあさん　오바ー상　할머니

② い단의 장음 ⇨ い를 붙인다.
　예) おじいさん　오지ー상　할아버지

③ う단의 장음 ⇨ う를 붙인다.
　예) ゆうびん　유ー빙　우편

④ え단의 장음 ⇨ え를 붙인다.
　예) おねえさん　오네ー상　언니, 누나
　예외) 한자음인 경우엔 い를 붙이기도 한다.

⑤ お단의 장음 ⇨ う를 붙인다.
　예) おとうさん　오또ー상　아버지
　예외) お가 붙기도 한다.
　예) おおい 오ー이

일본어 회화

001

안녕하세요.
こんにちは。

POINT 학습

♥언니! 이 교재 뭐 잘못된 거 아니야? 왜 한국말부터 나오지?

♥응, 아니 아니야! 일단 다 제쳐두고 여러 번 읽어. 문장 그대로 자연스럽게 익혀가는게 최고니까. MP3로도 여러 번 듣고.

안녕하세요.(아침)	おはようございます。 요하요－고자이마스
안녕하세요.(낮)	こんにちは。 곤니치와

  기본 인사 표현

일본에서도 영어와 마찬가지로 시간에 따른 인사법이 다릅니다.
하지만 이 기본 인사를 모든 경우에 다 쓰는 건 아니구요. 실제로는 날씨나 사소한 표현을 더 많이 씁니다.
이게 끝이냐구요? 물론 아닙니다. 조금씩 천천히 알아가도록 하지요.

손가락 문법

● ~は ~です ~은(는) ~입니다.

   これはテキストです。   이것은 교과서입니다.
   코레와 텍스토데스

🌼 하루에 두 마디씩 배워요!!

A こんにちは。
　　콘니찌와

B こんにちは。お元気(げんき)ですか。
　　콘니찌와　　　　　　오겡끼데스까

A おかげさまで。あいかわらずです。
　　오까게사마데　　　　　아이까와라즈데스

해석

A 안녕하세요.
B 안녕하세요. 잘 지내십니까?
A 덕택에, 여전합니다.

TIP

さようなら
이「さようなら。」는 원래 헤어짐이 길어질 때 쓰이는 말로, 보통은 가볍게 「また、あした。 내일 또 봐.」 혹은 「おやすみ。(말 그대로 직역하면 잘 자라는 뜻이나 헤어질 때의 인사말로도 쓰인다)」라고 하면 됩니다.

한 발자국 더

■ おはようございます。 → おはようございます。
　요하요- 고자이마스　　　　　요하요- 고자이마스
　안녕하세요.　　　　　　　　안녕하세요.

■ こんにちは。 → こんにちは。お元気(げんき)ですか。
　콘니찌와　　　　콘니찌와　　　　오겡끼데스까
　안녕하세요.　　　안녕하세요. 잘 지내십니까?

■ こんばんは。 → こんばんは。お出(で)かけですか。
　곰반와　　　　　곰반와　　　　　오데까께데스까
　안녕하세요.　　　안녕하세요. 어디 나가십니까?

■ さようなら。
　사요-나라
　안녕히 가십시오.(계십시오)

■ また、あした。
　마따　아시따
　내일 또 봐.

▶ **단어풀이**

おはようございます。
안녕하세요(아침인사)
こんにちは。
안녕하세요(낮인사)
こんばんは。
안녕하세요(저녁인사)
元気(げんき)だ
건강하다, 잘 있다
おかげさまで。
덕택에, 덕분에
あいかわらずです。
여전합니다
お出(で)かけですか。
어디 나가십니까?

002

처음 뵙겠습니다.
はじめまして。

♥얘! 너 글자는 다 알긴 아는 거니?
♥치~ 언제 제대로 가르쳐 주기나 했나 뭐? 저기 독음도 다 달려 있는데 뭘.
♥물론 안 외워지는 글자를 억지로 익힌다고 되는 건 아니지만 설명이랑 연습코너 제대로 알고 넘어가려면 앞부분의 발음과 쓰기연습 정도는 얼른 끝내야지!!

POINT 학습

처음 뵙겠습니다.   はじめまして。
하지메마시떼

잘 부탁합니다.   どうぞよろしく。
도 - 조요로시꾸

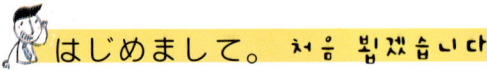

はじめてお目(ぬ)にかかります。의 준말로 여기서 お目(ぬ)にかかる는 あう(만나다)의 겸사말로 만나뵙다의 의미.
그냥 간단하게 「はじめまして。」라고들 하니까 가볍게 기억하고 넘어가세요.

손가락 문법

●~は ~ですか ~은(는) ~입니까?

これは何(なん)ですか。   이것은 무엇입니까?
코레와 난데스까

하루에 두 마디씩 배워요!!

A　はじめまして。
　　하지메마시떼

　　金です。どうぞよろしく。
　　데스　　　도-조요로시꾸

B　はじめまして。
　　하지메마시떼

　　スミスです。どうぞよろしく。
　　스미스데스　　　도-조요로시꾸

해석

A　처음 뵙겠습니다.
　　김입니다. 잘 부탁합니다.
B　처음 뵙겠습니다.
　　스미스입니다. 잘 부탁합니다.

■ はじめまして。～です。
　하지메마시떼　　　데스
　처음 뵙겠습니다.　　～입니다.

■ どうぞよろしく。
　도-조요로시꾸
　잘 부탁합니다.

■ こちらこそどうぞよろしく。
　코찌라꼬소 도-조요로시꾸
　저야말로 잘 부탁합니다.

■ わたしは ～ と申します。
　와따시와　　　또모-시마스
　저는 ～라고 합니다.

▶ 단어풀이

はじめまして。
처음 뵙겠습니다
どうぞよろしく。
잘 부탁합니다
どうぞ
부디, 제발, 꼭, 자
～と申(もう)す
～라고 (말)하다

003

몇 식구입니까?
何人家族ですか。
なん にん か ぞく

POINT 학습

몇 식구입니까?

~식구입니다.

何人家族ですか。
난닝가조꾸데스까

~人家族です。
닝가조꾸데스

♥가족을 세는 단위구나. 근데 언니, 혼자 사는 사람들은 어떡하지? 1人です。는 어색하지 않나?
♥그래, 너 모처럼 좋은 질문이네. 이럴 땐 이렇게 말하는 거야.
ひとり暮(ぐ)らしです。
독신입니다.

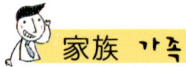
家族 가족

가족이 몇 명인지에 관해 질문하는 형태로 그 외에 다음과 같은 것이 있습니다.

- ご家族(かぞく)は何人(なんにん)ですか。　가족이 몇 명입니까?
- 4人(よにん)です。　네 명입니다.

손가락 문법

- 何人(なんにん)家族(かぞく)ですか。　몇 식구입니까?

1人(ひとり) 히또리　　2人(ふたり) 후따리　　3人(さんにん) 산닝
4人(よにん) 요닝　　5人(ごにん) 고닝　　6人(ろくにん) 로꾸닝
7人(しちにん) 시찌닝　　8人(はちにん) 하찌닝　　9人(きゅうにん) 큐-닝

하루에 두 마디씩 배워요!!

A あなたは何人家族ですか。
아나따와 난닝가조꾸데스까

B 4人家族です。
요닝가조꾸데스

A 田中さんは何人家族ですか。
타나까상와 난닝가조꾸데스까

B 5人家族です。
고닝가조꾸데스

해석
A 당신은 몇 식구입니까?
B 네 식구입니다.
A 다나카 씨는 몇 식구입니까?
B 다섯 식구입니다.

♣TIP
간단한 인칭대명사
- わたし　　　나, 저
- あなた　　　너, 당신
- かれ　　　　그
- かのじょ　　그녀

한 발자국 더

■ あなたは何人家族ですか。
아나따와 난닝가조꾸데스까
당신은 몇 식구입니까?

■ ~人家族です。
닝가조꾸데스
~식구입니다.

■ あなたの家族は何人ですか。
아나따노 가조꾸와 난닝데스까
당신 가족은 몇 명입니까?

■ ~人です。
닝데스
~명입니다.

▶ 단어풀이
あなた
너, 당신
~は
~은(는)
何人家族(なんにんかぞく)
몇 식구
4人
네 사람

004

좋은 날씨군요.
いいお天気ですね。

POINT 학습

~날씨군요.　　　　　　　　~天気ですね。
　　　　　　　　　　　　　뎅끼데스네

정말 그렇군요.　　　　　　ほんとうにそうですね。
　　　　　　　　　　　　　혼또-니소-데스네

♥일본사람들하고 대화할 땐 항상 맞장구를 잘 쳐줘야 예의바른 사람이야.
♥왜?
♥그렇게 해야 상대방이 내 말에 관심을 갖고 귀기울여 주는구나하고 여기거든. 몇 개 가르쳐 줄까?

そうですね。 그렇군요.
なるほど。 과연 그렇군요.
いいわね。 좋겠군요.
たいへんですね。 안됐네요.

머리 나쁜애 데리구 너무 늘어났나? 천천히 해도 되니까 억지로 외우지는 마.

 형용사

형용사는 사물의 성질과 상태를 나타내는 품사인데, 일본어의 경우엔 그 형태가 い로 끝나는 것을 형용사라 하지요.
예를 들면 다음과 같은 것들이 있습니다.

● うつくしい。　아름답다.　　　● 高(たか)い。　높다.

이 형용사가 명사와 결합시엔 어떻게 변하냐고요? 그냥 갖다 붙여주기만 하면 된답니다.

손가락 문법

● 형용사가 명사를 수식할 때는 원형(끝이 い로 끝남)그대로 명사를 수식하면 된다.

　　おいしいりんご　맛있는 사과
　　오이시- 링고

🐰 하루에 두 마디씩 배워요!!

A いいお天気ですね。
  이- 오뗑끼데스네

B ええ、ほんとうにそうですね。
  에- 혼또-니소-데스네

A どこかにお出かけですか。
  도꼬까니 오데까께데스까

B 学校へ行くところです。
  각꼬-에 이꾸 도꼬로데스

해석

A 좋은 날씨군요.
B 예, 정말 그렇군요.
A 어디에 나가십니까?
B 학교에 가는 길입니다.

 한 발자국 더

■ いいお天気ですね。
  이- 오뗑끼데스네
  좋은 날씨군요.

■ はれた天気ですね。
  하레따 뎅끼데스네
  개인 날씨군요.

■ くもったお天気ですね。
  쿠못타 오뗑끼데스네
  흐린 날씨군요.

■ ええ、ほんとうに。   ■ そうですね。
  에-   혼또-니   소-데스네
  예, 정말로.   그렇군요.

▶ 단어풀이

いい
좋다
天気(てんき)
날씨
~ですね
~이군요
ええ
예
ほんとうに
정말로
はれた
개인
くもった
흐린

005

서울역은 어디에 있습니까?
ソウル駅はどこにありますか。
えき

POINT 학습

어디에 있습니까?	どこにありますか。 도꼬니 아리마스까
~에 있습니다.	~にあります。 니아리마스

♥ 언니, 일본어에는 유난히 の 가 많이 등장하는데 왜 그런 거야?

♥ 다 이유가 있어. 일본어에서는 명사와 명사 사이에는 の를 넣어서 말하거든. 잘 들여다 봐 다 그런가 안그런가. 안그런 경우도 있냐구? 물론이지 '서울역' 같은 고유명사는 예외란다.

 あります

존재를 나타내는 표현으로 「ある(있다)」라는 동사에 정중형을 나타내는 조동사 **ます**가 붙어 '있습니다' 라는 뜻을 나타냅니다. 그러나 그 사용은 제한적인데, 이유인즉 **あります**는 움직임이 없는 사물이나 무생물에게만 쓰이기 때문입니다.
단, 움직임을 무시한 채 단순히 존재만을 강조한 경우에는 움직임이 있는 경우일지라도 **あります**를 씁니다.

 손가락 문법

● **~は ~にあります（か）**　~은(는) ~에 있습니다(까).

ラジオはどこにありますか。　라디오는 어디에 있습니까?
라지오와 도꼬니 아리마스까

テーブルの上にあります。　테이블 위에 있습니다.
테- 부루노 우에니 아리마스

하루에 두 마디씩 배워요!!

A ソウル駅(えき)はどこにありますか。
소우루에끼와 도꼬니 아리마스까

B あの病院(びょういん)の向(む)かい側(がわ)にあります。
아노 뵤-인노 무까이가와니 아리마스

A ありがとうございます。
아리가또-고자이마스

해석
A 서울역은 어디에 있습니까?
B 저 병원 맞은편에 있습니다.
A 감사합니다.

TIP
사물의 성질과 상태를 나타내는 형용사

1. 형용사는 모두 い로 끝납니다.
2. 정중한 형태는 거기에 그냥 です만 붙이면 됩니다.
3. 부정형은 い를 く로 바꾸고 ありません이나 ない를 붙이면 됩니다.
- とおい   멀다
- とおいです   멉니다
- とおくありません 멀지않습니다
- とおくない   멀지 않다

한 발자국 더

■ 韓国(かんこく)ビルはどこにありますか。
캉꼬꾸 비루와 도꼬니 아리마스까
한국빌딩은 어디에 있습니까?

■ あそこです。
아소꼬데스
저쪽입니다.

■ ソウル銀行(ぎんこう)のそばにあります。
소우루깅꼬-노 소바니 아리마스
서울은행 옆에 있습니다.

■ ここからとおいですか。
코꼬까라 토-이데스까
여기서 멉니까?

■ そんなにとおくありません。
손나니 토-꾸아리마셍
그렇게 멀지는 않습니다.

▶단어풀이

ソウル駅(えき) 서울역
どこ 어디
~に ~에
あります 있습니다
ありますか 있습니까?
あの 저
病院(びょういん) 병원
向(む)かい側(がわ) 맞은편
ビル 빌딩
あそこ 저쪽, 저기
銀行(ぎんこう) 은행
そば 옆

006 버스 정류장은 어디입니까?
バス停はどこですか。

♥ 버스 정류장이 뭐라구?
♥ バス停(てい)
♥ 그럼 택시 정류장은?
♥ 택시停(てい)!?
　タクシー乗(の)り場(ば)
♥ 정류장은?
♥ 뭐지? 음…
♥ 停留所(ていりゅうじょ)
♥ 아, 그렇구나.

POINT 학습

| ~은 어디입니까? | ~はどこですか。
와 도꼬데스까 |
| ~입니다. | ~です。
데스 |

 지시대명사

이번 과에서는 장소를 나타내는 지시대명사에 관해 공부해 보기로 하겠습니다.

● ここ(여기)・そこ(거기)・あそこ(저기)・どこ(어디)

일본어에는 위와 같이 こ・そ・あ・ど로 시작되는 말에는 명사형용사, 부사, 연체사, 지시대명사 등 여러 개가 있습니다. 이런 일련의 것들을 총칭하여 こそあどことば라고 하는데, 뒤에서 차차 익혀가도록 하지요.

손가락 문법

● 사물을 나타내는 지시대명사

これ(이것)　**それ**(그것)　**あれ**(저것)　**どれ**(어느 것)
코레　　　　소레　　　　아레　　　　도레

하루에 두 마디씩 배워요!!

A バス停はどこですか。
바스떼-와 도꼬데스까

B あそこです。
아소꼬데스

A 9番バスもありますか。
쿠밤바스모 아리마스까

B はい、あります。
하이   아리마스

해석
A 버스 정류장은 어디입니까?
B 저쪽입니다.
A 9번 버스도 있습니까?
B 예, 있습니다.

한 발자국 더

■ バス停はどこですか。
바스떼-와 도꼬데스까
버스정류장은 어디입니까?

■ バス停はどこにありますか。
바스떼-와 도꼬니아리마스까
버스정류장은 어디에 있습니까?

■ この辺はよくしりません。
코노헨와 요꾸시리마셍
이 부근을 잘 모릅니다.

▶ 단어풀이

バス停(てい)
버스정류장
あそこ
저쪽
辺(へん)
근처
よく
잘
知(し)る
알다
知(し)りません
모릅니다

007

어디까지 가십니까?
どちらまで行きますか。

POINT 학습

♥언니! 지시대명사 좀 정리해 줘.
♥우선 사물을 나타내는 지시대명사로는
　これ(이거) それ(그것)
　あれ(저것) どれ(어느 것)
♥장소는?
♥ここ(여기) そこ(저기)
　あそこ(거기) どこ(어디)
♥그럼 どちら는?
♥그건 방향이지.
　こちら(이쪽) そちら(그쪽)
　あちら(저쪽) どちら(어느쪽)

| 어디까지 가십니까? | どちらまで行きますか。
도찌라마데 이끼마스까 |
| ~까지 부탁합니다. | ~までおねがいします。
마데 오네가이시마스 |

 동사

일본어의 동사는 형용사와 마찬가지로 끝이 u로 끝나는 특징을 갖고 있습니다. 이것은 다시 다음의 세 가지 유형으로 구분되는데 다음과 같습니다.
- u동사 : 불규칙동사, ru동사를 제외한 동사. 5단동사라고도 함.
- ru동사 : ru로 끝나면서 ru앞이 i나 e로 끝나는 동사.
- 불규칙동사 : くる, する

이번엔 이들 동사의 정중형인데 그 방법은 다음과 같습니다.
- u동사 : u를 i로 바꾸고 ます접속.
- ru동사 : ru를 없애고 ます접속.
- 불규칙 동사 : くる→きます　する→します

손가락 문법

● ~まで　~까지(시간, 거리 등의 끝을 나타낼 때 쓰이며 시간이 정해진 경우엔 までに라고 해야 한다)

韓国(かんこく)ホテルまで
캉꼬꾸호테루마데
한국호텔까지

🌼 하루에 두 마디씩 배워요!!

A　どちらまで 行(い)きますか。
　　도찌라마데 이끼마스까

B　韓国アパートまでおねがいします。
　　아파-토마데 오네가이시마스

A　料金(りょうきん)はいくらですか。
　　료-낀와 이꾸라데스까

B　2000円(にせんえん)です。
　　니셍엔데스

🧡 해석

A　어디까지 가십니까?
B　한국아파트까지 부탁합니다.
A　요금은 얼마입니까?
B　2000엔입니다.

💙 한 발자국 더

■ どちらまで。
　도찌라마데
　어디까지

■ ソウル駅(えき)までおねがいします。
　소우루에끼마데 오네가이시마스
　서울역까지 부탁합니다.

■ この住所(じゅうしょ)まで行(い)ってください。
　고노 쥬-쇼마데 잇떼구다사이
　이 주소까지 가주세요.

■ ~で止(と)めてください。
　~데 토메떼구다사이
     ~에서 세워주세요.

♣ TIP
일본의 택시
일본택시는 소형과 중형 두 가지가 있으며 기본요금이 틀리며, 시간거리 병산제에 의해 요금이 나옵니다. 빈차는 앞에 空車(くうしゃ)라고 빨간 불이 들어오니 잡기가 수월합니다. 단, 물가 비싼 일본, 요금도 장난이 아니니 이용하는 각별한 주의가 필요하며 내리는 문이 우리와는 반대쪽인 거 잊지 마세요.

▶ 단어풀이

運転手(うんてんしゅ)
운전사
どちらまで
어디까지
行(い)く
가다
行(い)きますか。
가십니까?
アパート
아파트
おねがいします。
부탁합니다
住所(じゅうしょ)
주소
行(い)ってください。
가주세요

008

표는 어디에서 삽니까?
切符はどこで買うんですか。
きっぷ　　　　　　　か

♥ んです는 어떤 의미야?
♥ 앞에서 '~입니다'라는 표현으로 です를 익혔지? 그런데 그 앞에 ん를 붙이면 좀 더 강조, 설명해 주게 되거든. 문어체에서는 んです 대신 のです라고 하지.

POINT 학습

어디에서 삽니까?	どこで買うんですか。 도꼬데 카운데스까
~에서 사십시오.	~で買ってください。 데 캇떼구다사이

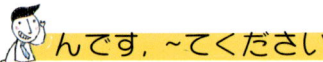 んです, ~てください

● んです
「んです」에 관해서는 앞에서 설명했지만, 한 가지 빠뜨린 점이 있어 다시 언급하기로 합니다. です 앞에 ん이 올 경우 문장을 강조·설명해 주지만 です 앞이 명사일 경우엔 그냥 ん이 아닌 なん이라는 점 기억해 두세요.

● ~てください
기본적인 문법지식이 없는 독자분들께 동사가 ~て 에 어떻게 연결되는 건지 설명드리면 복잡하기만 할테니 일단은 그냥 「~てください」가 '~해 주세요'라는 점만 기억해 두세요.

 문법

● 何(なに)がありますか。
나니가 아리마스까
무엇이 있습니까?

何(なに)かありますか。
나니까 아리마스까
무언가 있습니까?

하루에 두 마디씩 배워요!!

A　すみません。
　　스미마셍

B　切符はどこで買うんですか。
　　킷뿌와 도꼬데 카운데스까

A　あそこの券売機で買ってください。
　　아소꼬노 켐바이끼데 캇떼구다사이

B　ありがとうございます。
　　아리가또-고자이마스

해석

A　실례합니다.
B　표는 어디에서 삽니까?
A　저기 자동표판매기에서 사십시오.
B　감사합니다.

한 발자국 더

■ 切符はどこで買うんですか。
　킷뿌와 도꼬데 카운데스까
　표는 어디서 삽니까?

■ 切符売り場で買ってください。
　킵뿌우리바데 캇테구다사이
　매표소에서 사십시오.

■ 券売機で買ってください。
　켐바이끼데 캇떼구다사이
　자동표판매기에서 사십시오.

■ ~までいくらですか。
　~마데 이꾸라데스까
　~까지 얼마입니까?

▶ 단어풀이

駅員(えきいん)
역무원
切符(きっぷ)
표
~で
~에서
買(か)う
사다
あそこ
저기
券売機(けんばいき)
자동판매기
~てください。
~해 주십시오
切符売(きっぷう)り場(ば)
매표소

009

저녁식사에 초대하고 싶은데요.
夕食にお招きしたいんですが。

♥ そうです。는 꽤 쓸모가 있네.
♥ 어째서?
♥ 봐봐.
　そうです。그렇습니다.
　そうですか。그렇습니까?
　そうですね。그렇군요.
　そうではありません。
　그렇지 않습니다.

POINT 학습

초대하고 싶은데요.	お招きしたいんですが。 오마네끼시따인데스가
꼭 가겠습니다.	ぜひ参ります。 제히 마이리마스

 ~たい

'~하고 싶다'라는 표현을 쓰고 싶을 땐 「~たい」라는 문형을 사용합니다. 연결되는 형태는 동사의 형(앞에서 배웠지요)을 그대로 이용하면 됩니다.

● 食(た)べたい　먹고 싶다　　● 行(い)きたい　가고 싶다

단, '~을(를) 하고 싶다'의 경우, 앞에 조사는 「を(~을, 를)」와 「が(~이)」가 동사에 쓰이며, が의 경우는 '~을(를)'의 의미로 해석한다.

손가락 문법

なにもありません。　（なにが・なにか・なにも）
나니모 아리마셍　　　　나니가　　나니까　　나니모
아무것도 없습니다.　　　무엇이　　무언가　　아무것도

하루에 두 마디씩 배워요!!

A 夕食にお招きしたいんですが。
유-쇼꾸니 오마네끼시따인데스가

B そうですか。ぜひ参ります。
소-데스까   제히 마이리마스

　何時まで行けばいいですか。
난지마데 이께바 이-데스까

A 5時まで来てください。
고지마데 키떼구다사이

해석

A 저녁식사에 초대하고 싶은데요.
B 그렇습니까? 꼭 가겠습니다.
　몇 시까지 가면 됩니까?
A 5시까지 오세요.

✤TIP
초대를 거절할 때는 반드시 사정을 설명하세요.

일본인들은 좀처럼 누군가를 집으로 초대하는 일이 없습니다. 사생활을 드러내는 것도 그렇고 집이 협소한 탓도 있겠지요. 만약 당신을 집으로 초대했다면 당신을 그만큼 중요시한다는 뜻입니다.
・ありがたいけど
　고맙지만,
・残念(ざんねん)ですが
　섭섭하지만
이라고 한 뒤 사정을 말하도록 합니다.

한 발자국 더

■ 食事にお招きしたいんですが。
쇼꾸지니 오마네끼시따인데스가
식사에 초대하고 싶습니다.

■ ぜひ参ります。
제히 마이리마스
꼭 가겠습니다.

■ すみませんが、約束があります。
스미마셍가   약소꾸가 아리마스
미안합니다만 약속이 있습니다.

▶ 단어풀이

夕食(ゆうしょく)
저녁식사

招(まね)く
초대하다

~たい
~하고 싶다

したい
하고 싶다

ぜひ
꼭, 반드시

参(まい)る
「가다」의 겸사말

食事(しょくじ)
식사

すみません
미안합니다

約束(やくそく)
약속

010

실례합니다.
ごめんください。

♥ 언니, '실례합니다' 라는 표현은 그냥 ごめんください 라고 하면 되는 거야?

♥ 물론 아니지!!
보통은 すみませんが 또는 失礼(しつれい) ですが를 제일 많이 쓰고 ごめんください(ごめんなさい 조금 낮은 말)같은 경우엔 남의 집을 방문할 때에 의례적으로 쓰여.

POINT 학습

실례합니다.　　　　　　　ごめん ください。
　　　　　　　　　　　　고멩구다사이

누구십니까?　　　　　　　どなたですか。
　　　　　　　　　　　　도나따데스까

 ごめんください

방문이나 사과를 할 때 쓰이는 말로, 방문시에는 그냥 그대로 외워서 사용하시면 편리합니다.
'용서하십시오, 실례합니다'
그밖에 ごめん이라는 단어에는 '싫다' 의 의미도 있습니다.

손가락 문법

● ~てください ~해 주십시오.

たくさん召(め)し上(あ)がってください。　많이 드세요.
탁상 메시아갓떼구다사이

하루에 두 마디씩 배워요!!

A ごめんください。
고멩구다사이

B はい、どなたですか。
하이   도나따데스까

A 金韓国です。
김한국데스

B よくいらっしゃいました。
요꾸이랏샤이마시따

해석
A 실례합니다.
B 예, 누구십니까?
A 김한국입니다.
B 잘 오셨습니다.

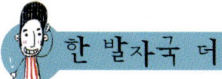

한 발자국 더

■ ごめんください。
고멩구다사이
실례합니다.

■ いらっしゃいませ。
이랏샤이마세
어서 오십시오.

■ はい、どなたですか。
하이   도나따데스까
예, 누구십니까?

■ 金です。
    데스
김입니다.

▶ 단어풀이

ごめんください。
미안합니다, 실례합니다
(방문시의 인사말)
どなた
어느 분
だれ
「누구」의 높임말
いらっしゃいませ。
손님을 맞을 때에 쓰는 인사

단어실력 쑤~욱
회화실력 쑤~욱

■■■ 숫자

일본어	한글	숫자
ゼロ	제로	0
いち	이찌	1
に	니	2
さん	상	3
し, よん	시, 용	4
ご	고	5
ろく	로꾸	6
しち, なな	시찌, 나나	7
はち	하찌	8
く, きゅう	쿠, 큐-	9
じゅう	쥬-	10
じゅういち	쥬-이찌	11
じゅうに	쥬-니	12
じゅうさん	쥬-상	13
じゅうよん	쥬-용	14
じゅうご	쥬-고	15
じゅうろく	쥬-로꾸	16
じゅうしち	쥬-시찌	17
じゅうはち	쥬-하찌	18
じゅうきゅう	쥬-뀨-	19
にじゅう	니쥬-	20
にじゅういち	니쥬-이찌	21
にじゅうに	니쥬-니	22
にじゅうさん	니쥬-상	23
にじゅうよん	니쥬-용	24
にじゅうご	니쥬-고	25
にじゅうろく	니쥬-로꾸	26
にじゅうしち	니쥬-시찌	27
にじゅうはち	니쥬-하찌	28
にじゅうきゅう	니쥬-뀨-	29
さんじゅう	산쥬-	30
じゅう	쥬-	10
にじゅう	니쥬-	20
さんじゅう	산쥬-	30
よんじゅう	온쥬-	40
ごじゅう	고쥬-	50
ろくじゅう	로꾸쥬-	60
ななじゅう	나나쥬-	70
はちじゅう	하찌쥬-	80
きゅうじゅう	큐-쥬-	90
ひゃく	햐꾸	100
さんびゃく	삼바꾸	300
ろっぴゃく	롯뺘꾸	600
ななひゃく	나나햐꾸	700
はっぴゃく	핫뺘꾸	800
せん	셍	1000
いちまん	이찌망	10000

■■■ 지시대명사(지시·인칭)

これ	코레	이것
それ	소레	그것
あれ	아레	저것
どれ	도레	어느것

わたし	와따시	나, 저
あなた	아나따	너, 당신
かれ	카레	그
かのじょ	카노죠	그녀
あのひと	아노히또	저 사람
あのかた	아노까따	저 분
だれ	다레	누구
どなた	도나따	어느 분

ここ	코꼬	여기
そこ	소꼬	거기
あそこ	아소꼬	저기
どこ	도꼬	어디

こちら	코찌라	이쪽
そちら	소찌라	그쪽
あちら	아찌라	저쪽
どちら	도찌라	어느 쪽

사자성어

- 阿鼻叫喚　あびきょうかん　아비꾜―깡　　　아비규환. 매우 처참한 모습
- 朝三暮四　ちょうさんぼし　쵸―상보시　　　조삼모사. 말로서 상대방을 속이는 일
- 暗中摸索　あんちゅうもさく　안쮸―모사꾸　　암중모색. 아무런 실마리 없이 헤매는 일
- 一挙両得　いっきょりょうとく　익꾜료―또꾸　일거양득. 하나로 둘의 이익을 얻는 것

011

많이 드십시오.
どうぞ召し上がってください。

♥ 너 どうぞ라는 말이 얼마나 유용한지 아니?
♥ 글쎄. 뜻은 〈부디, 제발〉 뭐 그런거 아냐?
♥ 맞아. 하지만 무척이나 함축적인 의미를 담고 있어. 영어의 please처럼 말이야. 다음에 나오는 해설에서 잘 읽어보도록 해. どうぞ.
♥ 알았어.

POINT 학습

| 많이 드십시오. | どうぞ(たくさん)召し上がってください。
도-조 (닥상) 메시아갓떼구다사이 |
| 잘 먹겠습니다. | いただきます。
이따다끼마스 |

 どうぞ

이 「どうぞ」 하나만 가지고도 말이 통할 정도로 초보 독자들에겐 쓸모가 많은 말입니다. 권유나 허가를 나타내는 말로 이렇게 쓰이지요.

- どうぞ、こちらへ。　　　　이쪽으로 오십시오.
- お茶(ちゃ)をどうぞ。　　　차 드세요.
- どうぞお上(あ)がりください。　어서 들어오세요.

손가락 문법

- ~ないでください　~(하)지 말아 주십시오.

　行(い)かないでください。　가지 마십시오.
　이까나이데구다사이

미연형이라고 해서 u동사는 u를 a로 바꾸고, ru동사는 ru를 없앤 뒤 ない를 접속한다. くる는 こない, する는 しない로 그냥 외우도록 한다.

하루에 두 마디씩 배워요!!

A　どうぞ召し上がってください。
　　도-조 메시아갓떼구다사이

B　では、いただきます。
　　데와　　이따다끼마스

　　とてもおいしいです。
　　토떼모 오이시-데스

해석
A　많이 드십시오.
B　그럼 잘 먹겠습니다.
　　정말 맛있습니다.

♣ TIP
음식을 더 권할 때는?
・おかわりいかがですか。
　더 드시겠어요?
・いいえ けっこうです。
　아니오, 괜찮습니다.
・もういっぱいです。
　이제 배가 부릅니다.

한 발자국 더

■ いただきます。
　이따다끼마스
　잘 먹겠습니다.

■ ごちそうさまでした。
　곳소-사마데시따
　잘 먹었습니다.

■ 何もございませんが。
　나니모 고자이마셍가
　차린 건 없습니다만.

■ おいしいです。
　오이시-데스
　맛있습니다.

■ ちょうどいいです。
　쵸-도 이-데스
　입맛에 딱 맞습니다.

▶ 단어풀이
どうぞ
부디, 제발
たくさん
많이
召(め)し上がる
「먹다, 마시다」의 높임말
いただく
「먹다, 마시다」의 공손한 말

012

지갑을 소매치기 당했습니다.
財布をすられました。
さいふ

♥ '도둑맞다'라는 표현도 여러 가지가 있는데 한 번 들어 볼래?
♥ 잘난척하긴.
♥ 泥棒(どろぼう)に入(はい)らる
　　とられる
　　ぬすまれる

POINT 학습

어떻게 오셨나요?　　　　　　どうしましたか。
　　　　　　　　　　　　　　도-시마시따까

~을 소매치기 당했습니다.　　~をすられました。
　　　　　　　　　　　　　　오 스라레마시따

 れる、られる (수동)

다른 대상으로부터 동작을 받는 수동표현을 만들 때 쓰는 표현인데, u동사는 u를 a로 바꾸고 れる를, ru동사는 ru를 없애고 られる를 접속합니다.
くる는「こられる」, する는「される」로 그냥 외워 두세요.
그런데 여러분! u동사, ru동사 자체도 벌써 잊어버린 건 아니겠죠?

손가락 문법

● ~でした ~이(였)습니다.

　前(まえ)は会社員(かいしゃいん)でした。　　전에는 회사원이었습니다.
　마에와 카이샤인데시따

하루에 두 마디씩 배워요!!

A どうしましたか。
도-시마시따까

B 財布をすられました。
사이후오 스라레마시따

A 中に 何が 入っていましたか。
나까니 나니가 하잇떼이마시따까

B 現金とパスポートです。
겡낀또 파스포-토데스

> **♣ TIP**
> れる, られる 연습
> ・書(か)く → 書(か)かれる
> ・見(み)る → 見(み)られる
> ・食(た)べる → 食(た)べられる
> ・来(く)る → 来(こ)られる
> ・する → される

해석

A 어떻게 오셨나요?
B 지갑을 소매치기 당했습니다.
A 안에 무엇이 들어있었습니까?
B 현금과 여권입니다.

한 발자국 더

■ どうしましたか。
도-시마시따까
어떻게 오셨나요?

■ 財布をすられました。
사이후오 스라레마시따
지갑을 소매치기 당했습니다.

■ 旅券を盗まれました。
료껭오 누스마레마시따
여권을 도난 당했습니다.

■ かばんを盗まれました。
가방오 누스마레마시따
가방을 도난 당했습니다.

▶ 단어풀이

警官(けいかん)
경찰관
どうしましたか。
어떻게 오셨나요?
財布(さいふ)
지갑
すられる
소매치기 당하다
旅券(りょけん)
여권
盗(ぬす)まれる
도난 당하다
かばん
가방

013

여권을 분실했습니다.
パスポートをなくしてしまいました。

♥언니, 외국 나가서 뭔가를 잃어버리면 정말 난감할 거야. 그치?
♥그걸 말이라고 하니?
♥무조건 내말이라면 토부터 달고 난리야.
♥잘 들어봐. 미스터 김처럼 여권을 분실했을 땐 도난증명서를 써 가지고 대사관에 가서 재발급을 받으면 돼.
♥그게 다야?
♥야! 그건 뭐 쉬운지 아니? 그저 조심하는 게 최고야. 너 기억 안나. 우리 부모님 호주갔다 배낭채 잃어버린 거. 그러니 얘야 제발 새겨 듣거라~

POINT 학습

~을 분실했습니다.

도난증명서를 써 주십시오.

~をなくしてしまいました。
오 나꾸시떼시마이마시따

とうなんしょうめいしょ　か
盗難証明書を書いてください。
토－난쇼－메－쇼오　카이떼구다사이

~てしまう

「~てしまう(~해 버리다)」는 그 동작이 끝났음을 의미합니다. 하지만 동사가 ~て와 결합하려면 조금은 기술이 필요한데 이는「た(과거), たり(~하기도 하고)」도 마찬가지입니다.

● く, ぐ로 끝나는 동사는 く는 いて, ぐ는 いで로 바꾸면 됩니다.
● う, つ, る로 끝나는 동사는 う, つ, る를 って로 바꾸면 됩니다.
● ぬ, ぶ, む로 끝나는 동사는 ぬ, ぶ, む를 んで로 바꾸면 됩니다.

단, するはして, 行(い)くは いって라는 거 잊지 마세요.

손가락 문법

● ~てはいけません　~해서는 안됩니다.

ここに入(はい)ってはいけません。　여기에 들어가면 안됩니다.
코꼬니 하잇떼와 이께마셍

하루에 두 마디씩 배워요!!

A パスポートをなくしてしまいました。
파스포-토오 나꾸시떼시마이마시따

どうしたらいいんですか。
도-시따라 이인데스까

B 盗難証明書を書いてください。
토-난쇼-메-쇼오 카이떼구다사이

♣ TIP
이런 질문도 받을 수 있겠죠.
대답은 글쎄…대부분
- どこに置(お)きましたか。
  어디에 놔뒀습니까?
- 思(おも)い出(だ)せません。
  기억이 나지 않습니다.

해석
A 여권을 분실했습니다.
어떻게 하면 좋습니까?
B 도난증명서를 써 주십시오.

한 발자국 더

■ パスポートをなくしてしまいました。
파스포-토오 나꾸시떼 시마이마시따
패스포트를 잃어버렸습니다.

■ かばんをなくしてしまいました。
가방오 나꾸시떼 시마이마시따
가방을 잃어버렸습니다.

■ 財布がなくなりました。
사이후가 나꾸나리마시따
지갑이 없어졌습니다.

■ 再発給できますか。
사이핫뀨-데끼마스까
재발급할 수 있습니까?

■ この書類に記入してください。
코노 쇼루이니 키뉴-시떼 구다사이
이 서류에 기입해주세요.

▶ **단어풀이**

パスポート
여권
なくす
잃다
~てしまう
~해 버리다
どうしたら
어떻게 하면
いい
좋다
盗難証明書
(とうなんしょうめいしょ)
도난증명서
なくしてしまう
잃어버리다
なくなる
없어지다

014

여권을 보여 주십시오.
パスポートを見せてください。

♥언니, 출입국 순서에 관해 설명좀 해줘 봐.
♥출국의 경우 탑승수속을 우선 밟은 다음, 탑승수속이란 카운터에 항공권, 출입국신고카드, 공항세 등을 내고, 짐을 부치고 탑승권과 짐표를 받는 걸 말하는 거야. 그 다음 보안 검사대를 거쳐 세관신고를 하고 출국심사를 거쳐 비행기 탈 때까지 면세점을 돌면 준비 끝이지.
♥입국은?
♥좀 기다려 성질 급하긴. 다음에 천천히 가르쳐 줄게.

POINT 학습

~을 보여 주십시오.　　　　~を見せてください。
　　　　　　　　　　　　　오 미세떼구다사이

예, 여기 있습니다.　　　　はい、これです。
　　　　　　　　　　　　　하이　　코레데스

 せる、させる

せる, させる는 사역, 즉 타인에게 행위를 시킴을 의미합니다.
그 결합형태는 다음과 같습니다.
u동사는 u를 a로 바꾸고 せる를, ru동사는 ru를 없애고 させる를 접속다.
くる는 こさせる, する는 させる로 그냥 외우시면 됩니다.

손가락 문법

● ~に ~がいます　~에 ~가 있습니다.

　事務室(じむしつ)に金さんがいます。　사무실에 김씨가 있습니다.
　지무시쯔니 상가이마스

하루에 두 마디씩 배워요!!

A　パスポートを見(み)せてください。
　　파스포-토오 미세떼구다사이

B　はい、これです。
　　하이　　코레데스

A　入国目的(にゅうこくもくてき)は何(なん)ですか。
　　뉴-꼬꾸모꾸떼끼와 난데스까

B　観光(かんこう)です。
　　캉꼬-데스

> **♣ TIP**
> せる, させる 연습
> ・書(か)く → 書(か)かせる
> ・見(み)る → 見(み)らせる
> ・食(た)べる → 食(た)べらせる
> ・来(く)る → 来(こ)らせる
> ・する → させる

해석

A　여권을 보여 주십시오.
B　예, 여기 있습니다.
A　입국목적은 무엇입니까?
B　관광입니다.

한 발자국 더

■ パスポートを見(み)せてください。
　파스포-토오 미세떼구다사이
　여권을 보여 주십시오.

■ 申告(しんこく)するものはありませんか。
　싱꼬꾸스루모노와 아리마셍까
　신고할 것은 없습니까?

■ 手荷物(てにもつ)には名札(なふだ)を付(つ)けてください。
　테니모쯔니와 나후다오 츠께떼구다사이
　수하물에는 이름표를 달아 주십시오.

■ ビジネスです。
　비지네스데스
　비즈니스입니다.

▶ **단어풀이**

係官(かかりかん)
담당관
見(み)せる
보이다
これです
이것입니다, 여기 있습니다
申告(しんこく)
신고
手荷物(てにもつ)
수하물
名札(なふだ)
이름표
付(つ)ける
달다

015

예약하셨습니까?
ご予約ですか。

♥ 언니, 일본에서는 여관도 예약을 해야 돼?
♥ 모르는 소리 마. 말이 여관이지 특급호텔 뺨친다 얘.
♥ 그럼 비싸겠네?
♥ 말해 뭐해.
♥ 일본어 배워 가지고 일본 가도 여관은 쬐금 힘들겠다.
♥ 어쭈구리. 힘들다구 징징거릴 땐 언제고, 꿈은 야무지네.

POINT 학습

어서 오십시오.　　　　　　いらっしゃいませ。
　　　　　　　　　　　　　이랏샤이마세

예약하셨습니까?　　　　　ご予約ですか。
　　　　　　　　　　　　　고요야꾸데스까

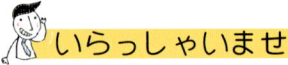 いらっしゃいませ

손님을 맞을 때 쓰이는 인사말로 의례적으로 외워두시면 편리하게 쓸 수 있습니다. 가볍게 쓰이는 말로는 いらっしゃい가 있고 よくいらっしゃいました。(잘 오셨습니다) 등의 유사한 말도 있습니다.

손가락 문법

● だれかいますか。　누군가 있습니까?

部屋(へや)の中(なか)にだれかいますか。　방안에 누군가 있습니까?
헤야노 나까니 다레까 이마스까

하루에 두 마디씩 배워요!!

A いらっしゃいませ。ご予約ですか。
이랏샤이마세   고요야꾸데스까

B はい。
하이

A この 宿泊カードに ご記入して ください。
코노 슈꾸하꾸카-도니 고끼뉴-시떼 구다사이

B 502号室に なります。
고햐꾸니고-시쯔니 나리마스

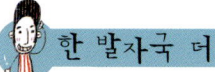 해석

A 어서 오십시오. 예약하셨습니까?
B 예.
A 이 숙박카드에 기입해 주세요.
B 502호실입니다.

한 발자국 더

■ご予約ですか。
고요야꾸데스까
예약하셨습니까?

■ご予約になりましたか。
고요야꾸니 나리마시따까
예약하셨습니까?

■はい、予約したんですが。
하이   요야꾸시딴데스가
예, 예약했습니다만.

■まだ、予約をしていません。
마다   요야꾸오시떼이마셍
아직 예약을 하지 않았습니다.

▶단어풀이

いらっしゃいませ。
어서 오십시오
予約(よやく)
예약
まだ
아직

53

016

빈 방 있습니까?
お部屋ありますか。

POINT 학습

빈 방 있습니까?	お部屋ありますか。 오헤야 아리마스까
있습니다.	あります。 아리마스

♥로마에선 로마법을 따르라고 하건만 넌 무식해서 참 큰일이다.
♥또 왜 건드리구 난리야.
♥호텔에서 김치, 고추장 냄새 다 풍기구. 목욕탕에 물 좍좍 끼얹어 넘치게 하는 게 너잖아.
♥그거야 뭘 몰라서 그랬지. 이젠 안그런다 뭐.
♥독자분들은 한국의 위상을 위해서라도 이젠 선진국민다운 행동을 하셔야겠죠? 교양있고, 위엄있게, 너무 사치스럽게는 말구.

 あります

앞에서 우린「あります」가 움직임이 없는 사물이나 무생물에게만 씌여지며 그 예로 단순한 존재를 강조할 때는 움직임이 있는 경우로 하여「あります」를 쓸 수 있다고 배웠습니다. 그 예를 들어보면 다음과 같습니다.

● 私(わたし)にはしゅじんとむすめがあります。
　내게는 남편과 딸이 있습니다.

손가락 문법

● だれもいません。　아무도 없습니다.

　会議室(かいぎしつ)にだれかいますか。　회의실에 누군가 있습니까?
　카이기시쯔니 다레까 이마스까

　だれもいません。　아무도 없습니다.
　다레모 이마셍

하루에 두 마디씩 배워요!!

A お部屋ありますか。
오헤야아리마스까

B はい、あります。
하이   아리마스

A どんな 部屋が よろしいですか。
돈나 헤야가 요로시-데스까

B 眺めのいい部屋をお願いします。
나가메노 이- 헤야오 오네가이시마스

해석

A 빈 방 있습니까?
B 예, 있습니다.
A 어떤 방을 원하십니까?
B 전망 좋은 방을 부탁합니다.

♣ TIP
ねが

호텔에서 무언가 서비스를 부탁할 경우에는 간단하게 お願いします를 쓰면 여러 가지로 응용할 수가 있어 유용합니다.

- モーニングコールをお願(ねが)いします。
  모닝콜을 부탁합니다.
- 荷物(にもつ)をお願(ねが)いします。
  짐을 부탁합니다.
- ルームサービスをお願(ねが)いします。
  룸서비스를 부탁합니다.

한 발자국 더

■ お部屋ありますか。
오헤야아리마스까
빈 방 있습니까?

■ はい、あります。
하이   아리마스
예, 있습니다.

■ いいえ、ありません。
이-에   아리마셍
아니오, 없습니다.

■ 予約でいっぱいです。
요야꾸데 잇빠이데스
예약으로 찼습니다.

■ 満室でございます。
만시쯔데고자이마스
빈 방이 없습니다.

▶ 단어풀이

部屋(へや)
방

フロント
프런트

いっぱい
가득 참

満室(まんしつ)
방이 가득 참, 없음

017 어떤 취미를 갖고 계십니까?
どんな趣味をお持ちですか。

- ♥ 언닌 취미가 뭐야?
- ♥ 그거야 독서, 영화감상, 음 또…
- ♥ 어휴 만화책이나 보는 주제에…
- ♥ 너 몰라서 그렇지 만화책에도 철학이 있단다.
- ♥ 철학? 개똥철학?
- ♥ 니가 읽는 저질만화만 봐서 그런가 본데 만화는 다른 어떤 매체로도 대체시킬 수 없는 꿈과 메시지가 담겨 있어.
- ♥ 하긴, 그럴 수도 있겠네.
- ♥ 우리도 이제까지의 만화에 대한 부정적 시각에서 벗어나 일본처럼 많은 투자와 국민적 사랑이 뒷받침되어야 한다고 봐. 기본적인 것을 떠나 국가적으로도 큰 이익이니까.

POINT 학습

어떤 취미를 갖고 계십니까?   どんな趣味をお持ちですか。
돈나 슈미오 오모찌데스까

당신의 취미는 무엇입니까?   あなたの趣味は何ですか。
아나따노 슈미와 난데스까

 ~が好きだ

「~好きだ (좋아하다)」라는 명사형용사. 명사형용사는 명사와 형용사의 성질을 지닌 품사로 だ로 끝나는 것이 특징이며 명사와 결합시엔 だ가 な로 변한다 해서 な형용사라고도 합니다.
아무튼 이「~好(す)きだ」는 앞에 '~을(를)'에 해당하는 조사로 が를 둔다는 점 잊지 마세요.

손가락 문법

● ~たり ~たりしてはいけません   ~하거나 ~해서는 안됩니다.

騒(さわ)いだり絵(え)に触(さわ)ってはいけません。
사와이다리 에니 사왓떼와이께마셍
떠들거나 그림에 손대서는 안됩니다.

하루에 두 마디씩 배워요!!

A　どんな趣味をお持ちですか。
　　돈나 슈미오 오모찌데스까

B　私は音楽鑑賞が好きです。
　　와따시와 옹가꾸깐쇼-가 스끼데스

A　どんな音楽が好きですか。
　　돈나 옹가꾸가 스끼데스까

B　クラシックが一番好きです。
　　쿠라싯쿠가 이찌방 스끼데스

해석
A　어떤 취미를 갖고 계십니까?
B　저는 음악감상을 좋아합니다.
A　어떤 음악을 좋아합니까?
B　클래식을 가장 좋아합니다.

♣ TIP
취미에 대해 잘하느냐고 물어 보았을 때
잘하면
· たいしたことはありません。
　대단하지는 않습니다.
실력이 모자랄 때는
· まだまだです。
　아직도 멀었습니다.
라고 대답합니다. 네, 잘합니다. 라고 직선적으로 대답하는 것은 일본인들의 정서에 맞지 않겠죠!!.

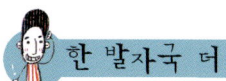
한 발자국 더

■ どんな趣味をお持ちですか。
　 돈나 슈미오 오모찌데스까
　 어떤 취미를 갖고 계십니까?

■ あなたの趣味は何ですか。
　 아나따노 슈미와 난데스까
　 당신의 취미는 무엇입니까?

■ 音楽鑑賞です。
　 옹가꾸깐쇼-데스
　 음악감상입니다.

■ 読書です。
　 독쇼데스
　 독서입니다.

■ テニスです。
　 테니스데스
　 테니스입니다.

■ 登山です。
　 토잔데스
　 등산입니다.

▶ **단어풀이**

どんな
어떤
趣味(しゅみ)
취미
あなた
너, 당신
持(も)ち
가짐
私(わたし)
나, 저
音楽鑑賞
(おんがくかんしょう)
음악감상
~が好(す)きだ
~을(를) 좋아하다
読書(どくしょ)
독서
テニス
테니스
登山(とざん)
등산

018

신규입니까?
ご新規ですか。
しんき

♥ 언니, 은행은 일본어로 어떻게 읽지?
♥ 銀行(ぎんこう)
♥ き에 탁점이 붙네.
♥ 응. 너 그럼 金은 어떻게 읽는지 아니?
♥ 이것도 ぎん인가?
♥ 아니 きん.
♥ 아휴, 헷갈려.
♥ 일본에 아주 연세 많으신 자매 할머니가 계신데 그분들 성함이 金(きん)·銀(ぎん) 이야. 그리고 金(きん)曜日은 きんようび이구…
♥ 그만 그만.

POINT 학습

계좌를 만들고 싶은데요.　　口座を作りたいんですが。
　　　　　　　　　　　　　　こうぎ　つく
　　　　　　　　　　　　　　고- 자오 츠꾸리따인데스가

신규입니까?　　　　　　　ご新規ですか。
　　　　　　　　　　　　　　しんき
　　　　　　　　　　　　　　고싱끼데스까

~たい를 좀 더 자세히

설명했듯이 ~たい를 쓰는 경우는 앞에 を·が가 다 올 수 있다고 했습니다. 굳이 구분을 하자면 を는 자신의 의도적 의지가 강하게 표출된 것이라 할 수 있습니다.

● この作品(さくひん)をやめたいです。　이 작품을 그만 두고 싶습니다.

참, 형용사 たい의 정중형은 그냥 です만 붙이시면 됩니다.

손가락 문법

● **~は ~で, ~は ~です** ~은 ~이고, ~은 ~입니다.

　これは本(ほん)で、あれはかばんです。
　고레와 혼데 아레와 카반데스
　이것은 책이고, 저것은 가방입니다.

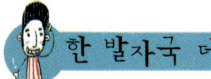 하루에 두 마디씩 배워요!!

A 口座を作りたいんですが。
コーザオ 츠꾸리따인데스가

B ご新規ですか。
고싱끼데스까

A はい、そうです。
하이   소-데스

해석
A 계좌를 만들고 싶은데요.
B 신규입니까?
A 예, 그렇습니다.

한 발자국 더

■ 口座を作りたいんですが。
コーザオ 츠꾸리따인데스가
계좌를 만들고 싶은데요.

■ キャッシュカードを作りたいんですが。
캇슈카-도오 츠꾸리따인데스가
현금카드를 만들고 싶은데요.

■ ご新規ですか。
고싱끼데스까
신규입니까?

■ 初めてなんですか。
하지메떼 난데스까
처음입니까?

■ 身分証明書はお持ちですか。
미붕쇼-메-쇼와 오모찌데스까
신분증은 갖고 계십니까?

▶ 단어풀이

口座(こうざ)
계좌
作(つく)る
만들다
行員(こういん)
행원
新規(しんき)
신규
キャッシュカード
현금카드
初(はじ)めて
첫 번째, 처음

019

이 편지를 항공편으로 부탁합니다.
この手紙を航空便でお願いします。

POINT 학습

~을(를) 보내고 싶은데요.　　　　~を送りたいんですが。
　　　　　　　　　　　　　　　　오 오꾸리따인데스가

~편입니까?　　　　　　　　　　~便ですか。
　　　　　　　　　　　　　　　　빈데스까

 お願(ねが)いします

'부탁합니다' 의 의미로 여러상황에서 유용하게 쓸 수 있는 말입니다.

- 우체국　航空便(こうくうびん)でお願(ねが)いします。
　　　　　항공편으로 부탁합니다.
- 호텔　　モーニングコールをお願(ねが)いしたいんです。
　　　　　모닝콜을 부탁하고 싶습니다.
- 택시　　ソウル駅(えき)までお願(ねが)いします。
　　　　　서울역까지 가주세요.

손가락 문법

- ~はいくらですか。　~은 얼마입니까?

　このハンドバッグはいくらですか。　이 핸드백은 얼마입니까?
　코노 한도박구와 이꾸라데스까

♥언니, 편지는 일본어로?
♥手紙(てがみ)
♥엽서는?
♥葉書(はがき)
♥우표는?
♥切手(きって)

하루에 두 마디씩 배워요!!

A この手紙を韓国へ送りたいんですが。
코노 테가미오 캉꼬꾸에 오꾸리따인데스가

B 航空便ですか、船便ですか。
코-꾸-빈데스까   후나빈데스까

A 航空便でお願いします。
코-꾸-빈데 오네가이시마스

> **TIP**
> **일본의 우체국**
> 일본의 우체국은 우편업무이외에도 보험이나 공과금업무도 같이 취급하고 있습니다. 규모 면에서 작은 특정우체국과 큰 보통우체국으로 나뉘며 〒마크를 씁니다.

해석

A 이 편지를 한국에 보내고 싶은데요.
B 항공편입니까? 배편입니까?
A 항공편으로 부탁합니다.

한 발자국 더

■ この手紙を韓国へ送りたいんですが。
코노 데가미오 캉꼬꾸에 오꾸리따인데스가
이 편지를 한국에 보내고 싶은데요.

■ 航空便でお願いします。
코-꾸-빈데   오네가이시마스
항공편으로 부탁합니다.

■ 書留でお願いします。
카끼또메데   오네가이시마스
등기로 부탁합니다.

■ 速達でお願いします。
소꾸따쯔데   오네가이시마스
속달로 부탁합니다.

■ どれくらいかかりますか。
도레쿠라이 카까리마스까
어느 정도 걸립니까?

▶ **단어풀이**

送(おく)る
보내다
航空便(こうくうびん)
항공편
船便(ふなびん)
배편
局員(きょくいん)
국원(우체국 직원)
でお願(ねが)いします。
~로 부탁합니다
書留(かきとめ)
등기
速達(そくたつ)
속달

020

예, 접니다만.
はい、私(わたし)ですが。

POINT 학습

여보세요.

もしもし。
모시모시

~씨 댁입니까?

~さんのお宅(たく)ですか。
산노 오따꾸데스까

♥너, 앞에서 숫자가르쳐 줬지. 그래도 전화번호는 상대방이 헷갈리지 않게 주의해야 하거든. 예를 들어 いち(1)와 しち(7)처럼 말야. 전화번호의 경우엔 이렇게 읽어.
いち(1) に(2) さん(3)
よん(4) ご(5) ろく(6)
なな(7) はち(8)
きゅう(9) ゼロ(0)

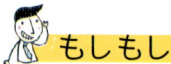 もしもし

'여보세요' 라는 뜻으로 전화상으로 말을 걸 때에 사용하는 말입니다. 평상시에도 이 말을 쓰는 경우가 있긴 하지만 그 때는「もしもし」를 쓰지 않습니다. 그럼 어떤 말을 쓰냐구요? 보통「すみませんが。」라고 하면 된답니다.

손가락 문법

- ~ができる。　~을(를) 할 수 있다.

　日本語(にほんご)ができる。　일본어를 할 수 있다.
　니홍고가 데끼루

하루에 두 마디씩 배워요!!

A もしもし。田中さんのお宅ですか。
모시모시　　타나까산노 오따꾸데스까

B はい、私ですが。
하이　　와따시데스가

A あ、田中さんですか。金ですよ。
아　　타나까산데스까　　데스요

해석

A 여보세요. 다나카씨 댁입니까?
B 예, 접니다만.
A 아, 다나까 씨입니까? 김입니다.

한 발자국 더

■ もしもし。田中さんのお宅ですか。
모시모시　　타나까산노 오따꾸데스까
여보세요. 다나까씨 댁입니까?

■ 金さんいらっしゃいますか。
상 이랏샤이마스까
김씨 계십니까?

■ はい、私ですが。
하이　　와따시데스가
예, 접니다만.

■ はい、そうです。
하이　　소-데스
예, 그렇습니다.

■ 少々お待ちください。
쇼-쇼-오마찌구다사이
잠시만 기다려 주십시오.

■ ~にかわります。
~니 카와리마스
~을 바꿔드리겠습니다.

▶ 단어풀이

もしもし
여보세요
お宅(たく)
댁
あ
아
さん
~씨, 님

단어실력 쑤~욱
회화실력 쑤~욱

■■■ 가족호칭

	자기 가족		남의 가족	
아버지	父	치찌	おとうさん	오또-상
어머니	母	하하	おかあさん	오까-상
할아버지	祖父	소후	おじいさん	오지-상
할머니	祖母	소보	おばあさん	오바-상
형	兄	아니	おにいさん	오니-상
남동생	弟	오또-또	おとうとさん	오또-또상
언니,누나	姉	아네	おねえさん	오네-상
여동생	妹	이모-또	いもうとさん	이모-또상
남편	主人	슈징	ごしゅじん	고슈징
처	家内	카나이	奥さん	옥상
아들	息子	무스꼬	むすこさん	무스꼬상
딸	娘	무스메	むすめさん	무스메상
			おじょうさん	오죠-상

■■■ 그 외의 호칭

従兄弟	이또꼬	사촌		長男	쵸-낭	장남
甥	오이	조카		長女	쵸-죠	장녀
姪	메-	조카딸		次男	지낭	차남
姉妹	시마이	자매		次女	지죠	차녀
兄弟	쿄-다이	형제		三男	산낭	삼남
両親	료-싱	양친		三女	산죠	삼녀
孫	마고	손자		いちばん上	이찌방우에	맏이
孫娘	마고무스메	손녀		いちばん下	이찌반시따	막내
婿	무꼬	사위		末っ子	스엣꼬	막내
嫁	요메	며느리		2番目	니밤메	두 번째
子供	코도모	아이		真ん中	만나까	가운데
お子さん	오꼬상	자제분				

사자성어

- 三日坊主 みっかぼうず 믹까보-즈 싫증을 잘내는, 그런 사람
- 呉越同舟 ごえつどうしゅう 고에쯔도-슈- 사이가 안좋은 사람끼리 사정상 함께 있는 것
- 一子相伝 いっしそうでん 잇시소-덴 자식 한사람에게만 중요한 걸 전해 줌
- 一言半句 いちごんはんく 이찌곤항꾸 일언반구

021

어디에 거실 겁니까?
どちらにおかけになりますか。

♥언니 일본으로 전화하려면 어떻게 해야 하지?
♥우선 국제전화 신청번호를 누른 뒤 일본의 국가번호 (81) 지역번호(0을 뺀 나머지) 상대방 번호 순으로 누르면 돼. 아참! 요즘은 전화카드를 많이 쓰니까 요청에 따라 누르고 나머지는 그대로 하면 돼! 참고적으로 한국 국가번호는 82다.
♥고마워 언니야!

POINT 학습

수신자 부담으로 국제전화를 걸고 싶은데요	コレクトコールで国際電話をかけたいんですが。 코레쿠토코-루데 콕사이뎅와오 카께따인데스가
어디에 거실 겁니까?	どちらにおかけになりますか。 도치라니 오까께니나리마스까

~で

で의 용법 중에서 재료나 방법을 나타내는 용법에 관한 것으로 다음과 같은 것들이 있습니다.

● コレクトコールで電話(でんわ)をかける。　　수신자 부담으로 전화를 걸다.
● ボールペンで書(か)いてください。　　　　　볼펜으로 쓰세요.

손가락 문법

● ~から ~まで　~에서 ~까지

ソウルから東京(とうきょう)まで。　　서울에서 동경까지
소우루까라 토-꾜-마데

하루에 두 마디씩 배워요!!

A　交換(こうかん)です。
　　코-깐데스

B　コレクトコールで韓国(かんこく)へ国際電話(こくさいでんわ)を
　　코레쿠토코-루데 캉꼬꾸에 콕사이뎅와오

　　かけたいんですが。
　　카께따인데스가

A　どちらにおかけになりますか。
　　도찌라니 오까께니나리마스까

해석

A　교환입니다.
B　수신자 부담으로 한국에 국제전화를 걸고 싶은데요.
A　어디에 거실 겁니까?

♣TIP
국제전화

요즘은 교환수를 통해 국제전화를 걸 일이 없지만 어쨌든 전화연결을 할 때는 상대방의 이름과 전화번호를 명확하게 이야기해야 합니다.

- つながりました。
　연결되었습니다.
- お出(で)になりました。
　나오셨습니다.

한 발자국 더

■ コレクトコールで韓国(かんこく)へ国際電話(こくさいでんわ)をかけたいんですが。
　코레쿠토코-루데 캉꼬꾸에 콕사이뎅와오 카께따인데스가
　수신자부담으로 한국에 국제전화를 걸고 싶은데요.

■ 韓国(かんこく)に国際電話(こくさいでんわ)をお願(ねが)いします。
　캉꼬꾸니 콕사이뎅와오 오네가이시마스
　한국에 국제전화를 부탁합니다.

■ どちらにおかけになりますか。
　도치라니 오까께니나리마스까
　어디에 거실 겁니까?

■ お電話番号(でんわばんごう)をどうぞ。
　오뎅와방고-오 도-조
　전화번호를 말씀해 주세요.

▶단어풀이

交換手
교환수

コレクトコール
수신자 부담

韓国(かんこく)
한국

国際電話
(こくさいでんわ)
국제전화

電話(でんわ)をかける
전화를 걸다

どちら
어디

電話番号
(でんわばんごう)
전화번호

022 신제품 카달로그입니다.
新製品のカタログです。
しん せい ひん

♥ 언니, 비즈니스 상담은 참 중요한 자리지. 그치?
♥ 그럼. 특히 일본인들처럼 자기 속내를 드러내는데 인색한 이들하고는 더욱 어렵지.
♥ 그럼 어떻게 해야 하지?
♥ 준비는 철저히, 그리고 될 수 있는 한 그네들에게 맞춰주는 것도 중요하지. 그나저나 너는 안되겠다.
♥ 왜?
♥ 너같이 눈치없는 애가 일본인들의 그 표현방법을 우예 이해할꼬!!

POINT 학습

신제품 카달로그입니다.	新製品のカタログです。 신세-힌노 카타로구데스
좋군요.	いいですね。 이-데스네

～ていただけませんか

「～ていただく(～해 받다)」의 변형된 형태로서 '～해주시겠습니까?'의 정중한 표현이라 생각하고 그 문형을 통째로 암기하면 유용하게 쓸 수 있습니다.

● 両替(りょうがえ)し  ていただけませんか。　환전해 주시겠습니까?
● ちょっと見(み)せていただけませんか。　좀 보여 주시겠습니까?

손가락 문법

● ～がわかる　～을(를) 알다.

　質問(しつもん)の内容(ないよう)がわかる。　　질문의 내용을 알다.
　시쯔몬노 나이요-가 와까루

하루에 두 마디씩 배워요!!

A これは新製品のカタログです。
　코레와 신세-힌노 카타로구데스

B いいですね。
　이-데스네

　カタログをあるだけ見せていただけませんか。
　카타로구오 아루다께 미세떼이따다께마셍까

A 少々お待ちください。
　쇼-쇼- 오마찌구다사이

해석

A 이것은 신제품 카달로그입니다.
B 좋군요.
　카달로그를 있는 대로 보여주시겠습니까?
A 잠시만 기다려 주십시오.

한 발자국 더

■ これは新製品のカタログです。
　코레와 신세-힌노 카타로구데스
　이것은 신제품 카달로그입니다.

■ これは新しいモデルです。
　코레와 아따라시- 모데루데스
　이것은 새 모델입니다.

■ ああ、そうですか。
　아- 소-데스까
　아, 그렇습니까?

■ いいですね。
　이-데스네
　좋군요.

▶ 단어풀이

新製品
신제품
カタログ
카달로그
いい
좋다
あるだけ
있는대로
見(み)せる
보이다
ていただけませんか
~해 주시겠습니까?
新(あたら)しい
새롭다
モデル
모델

023 머리를 깎아 주십시오.
かみをかってください。

POINT 학습

머리를 깎아 주십시오.	かみをかってください。 카미오 캇떼구다사이
알겠습니다.	かしこまりました。 가시꼬마리마시따

♥언니. 이발소 가서 잘못 얘기 했다간 주변머리, 소갈머리 없는 사람 되기 딱 좋겠다.
♥그러니까 좀 열심히 해. 기초가 튼튼해지면 실력은 금방 늘어.
♥어떻게 하면 되는데?
♥자꾸 읽고 또 읽고, 해석만 하고 그냥 넘어가려고 하지 말구.
♥그러지 말고 표현 좀 더 가르쳐 줘. 이래서야 어디 스타일이나 살겠어.
♥아서라. 너무 많이 알려고 하면 다친다, 너.

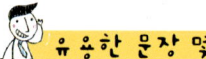 유용한 문장 몇 가지

● かみをかる　　　　머리를 깎다.
● かみを切(き)る　　머리를 자르다.
● パーマをかける　　퍼머를 하다.
● かみをそめる　　　머리를 염색하다.

 손가락 문법

● ～という　～라고 하다.

　学問(がくもん)というのは。　　학문이라고 하는 것은.
　가꾸몽또유-노와

하루에 두 마디씩 배워요!!

A いらっしゃいませ。
이랏샤이마세

B かみをかってください。
가미오 캇떼구다사이

A かしこまりました。
가시꼬마리마시따

해석
A 어서 오십시오.
B 머리를 깎아 주십시오.
A 알겠습니다.

TIP
- セット　셋트
- パーマ　퍼머
- カット　컷트

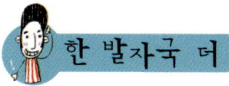

■ かみをかってください。
카미오캇떼구다사이
머리를 깍아주십시오

■ ひげそりをお願(ねが)いします。
히게소리오 오네가이시마스
면도를 부탁합니다.

■ あまり短(みじか)くしないでください。
아마리 미지까꾸시나이데구다사이
너무 짧게 하지 마십시오.

■ まかせます。
마까세마스
알아서 맡기겠습니다.

■ 短(みじか)めにしてください。
미지까메니 시떼구다사이
짧게 해 주십시오.

▶ 단어풀이

髪(かみ)
머리
刈(か)る
깎다
かしこまりました。
알겠습니다.
ひげそり
면도
あまり
그다지, 너무
まかせる
맡기다

024 어떻게 하시겠습니까?
どうなさいますか。

♥언니 머리 좀 어떻게 해라. 아줌마 티 내는 것도 아니구.
♥그래서 넌 머리가 그 모양이야?
♥최신 유행인데 뭐.
♥그만하구 잘 봐봐. 유행하다는 뜻의 はやる있잖아. 이건 はやい형용사(빠르다)가 동사화한 것이거든, 그러니까 그만큼 빠르게 유행한다는 뜻이지.

POINT 학습

어떻게 하시겠습니까?	どうなさいますか。
	도-나사이마스까
~로 해 주십시오.	~にしてください。
	니시떼구다사이

 なさいますか

「なさいますか。(하시겠습니까?)」는 「なさる(하시다)」에서 나온 말입니다. 하지만 눈썰미가 조금 있으신 독자님들이라면 좀 이상하다고 느끼셨겠죠? なさいます가 아니라 なさります인데 말이죠. 이 경우 r발음이 탈락되어 なさり가 아닌 なさい가 되었습니다. 그러니까 「なさいますか。(하시겠습니까?)」가 된거죠.

손가락 문법

● ながら ~하면서

音楽(おんがく)を聞(き)きながら歩(ある)く。   음악을 들으면서 걷다.
옹가꾸오 키끼나가라 아루꾸

하루에 두 마디씩 배워요!!

A どうなさいますか。
도-나사이마스까

B 今はやっているスタイルにしてください。
이마 하얏떼이루 스타이루니 시떼구다사이

A こちらへどうぞ。
고찌라에 도-조

해석

A 어떻게 하시겠습니까?
B 요즘 유행하는 스타일로 해 주세요.
A 이쪽으로 오십시오.

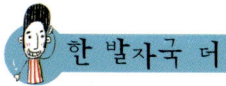 한 발자국 더

■ どうなさいますか。
도-나사이마스까
어떻게 하시겠습니까?

■ どのようにしましょうか。
도노요-니시마쇼-까
어떻게 할까요?

■ 今はやっているスタイルにしてください。
이마 하얏떼이루 스타이루니 시떼구다사이
요즘 유행하는 스타일로 해 주세요.

■ 髪を切ってください。
카미오 킷떼구다사이
머리를 잘라 주십시오.

■ パーマをかけてください。
파-마오카께떼구다사이
퍼머를 해 주십시오.

▶ 단어풀이

どう
어떻게
なさる
하시다
はやる
유행하다
スタイル
스타일
こちら
이쪽
切(き)る
자르다
パーマ
퍼머
パーマをかける
퍼머를 하다

025

시내관광을 하고 싶은데요.
市内観光をしたいんですが。
し ない かん こう

POINT 학습

관광을 하고 싶습니다.	観光をしたいんです。 캉꼬-오 시따인데스
시간은 어느 정도 있습니까?	時間はどのくらいありますか。 지깐와 도노구라이 아리마스까

♥너 ハトバス가 뭔지 아니?
♥하토바스? 그게 뭔데?
♥일본 각 도시에서 운영되고 있는 정기 관광버스를 말하는 거야.
♥아하, 우리의 시티투어랑 비슷한 거구나.
♥시티투어?
♥응 저번에 남산 갔다가 봤는데 서울지역을 관광시켜주는 건가봐.
ハトバス도 그런 것의 일종이겠지.
♥맞아. 하지만 코스도 아주 다양하고 값도 저렴해서 적극 추천할 만하지.

 どのくらいありますか

'어느 정도 됩니까?'의 의미로「どのくらいが あります(있습니다)」와 결합하여 키·체중·거리의 정도를 물을 때에 쓰입니다. 그냥 문장 통째로 외워서 쓰시면 편리합니다.

● 背(せ)がどのくらいありますか。　　키가 어느 정도 됩니까?
● 体重(たいじゅう)がどのくらいありますか。　체중이 어느 정도 됩니까?

손가락 문법

● てから ~하고 나서

勉強(べんきょう)してから何(なに)をしますか。
벵꾜- 시떼까라 나니오 시마스까
공부를 하고 나서 무엇을 합니까?

하루에 두 마디씩 배워요!!

A 市内観光をしたいんですが。
시나이깡꼬-오 시따인데스가

B 時間はどのくらいありますか。
지깐와 도노구라이 아리마스까

A 1日コースがいいんですが。
이찌니찌 코-스가 이인데스가

B これはいかがですか。
코레와 이까가데스까

해석

A 시내관광을 하고 싶은데요.
B 시간은 어느 정도 있습니까?
A 하루코스가 좋겠는데요.
B 이것은 어떠십니까?

♣ TIP
관광형태
- 半日観光(はんにちかんこう) 반나절관광
- 1日観光(いちにちかんこう) 하루관광
- 市内観光(しないかんこう) 시내관광
- 郊外観光(こうがいかんこう) 교외관광

한 발자국 더

■ 市内観光をしたいんですが。
시나이깡꼬-오 시따인데스가
시내관광을 하고 싶습니다.

■ ~を見たいんですが。
오 미따인데스가
~을(를) 보고 싶은데요.

■ この日程はどうですか。
고노 닛떼-와 도-데스까
이 일정은 어떻습니까?

■ 1日コースがいいんですが。
이찌니찌 코-스가 이인데스가
하루코스가 좋겠는데요.

▶단어풀이

市内観光(しないかんこう) 시내관광
案内(あんない) 안내
時間(じかん) 시간
1日(いちにち)コース 하루코스
見(み)たい 보고 싶다
日程(にってい) 일정

026

입장료는 얼마입니까?
入場料はいくらですか。
にゅうじょうりょう

♥숫자가 등장하니까 긴장되시죠? 다시 한 번 천단위부터 정리해 보겠습니다.

1000	せん
2000	にせん
3000	さんぜん
4000	よんせん
5000	ごせん
6000	ろくせん
7000	ななせん
8000	はっせん
9000	きゅうせん
10000	いちまん
100000	じゅうまん
1000000	ひゃくまん

POINT 학습

입장료는 얼마입니까?　　　入場料はいくらですか。
　　　　　　　　　　　　にゅうじょうりょう
　　　　　　　　　　　　뉴－죠－료－와 이꾸라데스까

~장 주십시오.　　　　　　~枚ください。
　　　　　　　　　　　　まい
　　　　　　　　　　　　마이 구다사이

いくらですか、枚

● いくらですか
아마 외국어를 배울 때 거의 처음으로 배우는 몇 안되는 말 중의 하나일 텐데 조금은 늦은 감이 없지 않습니다.
여기서 いくら는 값이나 정도를 나타내는 말.

● 枚
まい라 읽고 얇고 평평한 물건을 셀 때에 쓰이는 조수사입니다. 뜻은 '~장・~매'로 해석해 줍니다.
얇고 평평한 물건이 뭐가 있더라. 종이, 접시, 유리, 셔츠…

손가락 문법

● 체언 + になる　~이(가) 되다.

夏休(なつやす)みになる。　　여름방학이 되다.
나쯔야스미니나루

하루에 두 마디씩 배워요!!

A すみませんが。入場料はいくらですか。
스미마셍가 뉴－죠－료－와 이꾸라데스까

B 2000円です。
니셍엔데스

A じゃ、3枚ください。
쟈   삼마이 구다사이

B 6000円です。
록셍엔데스

해석

A 실례지만, 입장료는 얼마입니까?
B 2000엔입니다.
A 그럼 3장 주십시오.
B 6000엔입니다.

한 발자국 더

■ すみませんが、入場料はいくらですか。
  스미마셍가   뉴－죠－료－와 이꾸라데스까
  실례지만, 입장료는 얼마입니까?

■ 席を予約したいんですが。
  세끼오 요야꾸시따인데스가
  좌석을 예약하고 싶은데요.

■ 切符はどこで買えますか。
  킷뿌와 도꼬데 카에마스까
  표는 어디서 삽니까?

■ ~円です。
  엔데스
  ~엔입니다.

▶ 단어풀이

入場料(にゅうじょうりょう)
입장료
いくら
얼마
円(えん)
일본 화폐단위
枚(まい)
얇고 평평한 것
席(せき)
좌석
予約(よやく)
예약
切符(きっぷ)
표

027

가능한 한 빨리 해 주십시오.
なるべくはやくしてください。

♥ 언니 세탁이 일본어로 뭐지?
♥ クリーニング '리' 발음 길게 알지?
♥ 아니 그거 말구!
♥ 그럼 洗濯(せんたく)
♥ 세탁기는?
♥ 洗濯機(せんたくき)
♥ 드라이 크리닝은?
♥ ドライクリーニング

POINT 학습

세탁을 부탁합니다.   クリーニングをお願(ねが)いします。
                  쿠리-닝구오 오네가이시마스

빨리 해 주십시오.   はやくしてください。
                  하야꾸 시떼구다사이

 형용사의 부사화

형용사의 어미 い를 く로 바꾸어주면 형용사도 멋지게 부사의 역할을 대신할 수 있습니다.

● 早(はや)い 빠르다 → 早(はや)く 빨리
● 高(たか)い 높다 → 高(たか)く 높이
● 遠(とお)い 멀다 → 遠(とお)く 멀리

 손가락 문법

● 형용사 어간 + くなる ~이(가) 되다.

寒(さむ)くなりました。   추워졌습니다.
사무꾸 나리마시따

하루에 두 마디씩 배워요!!

A これにクリーニングをお願いしたいんですが。
코레니 쿠리-닝구오 오네가이시따인데스가

B はい、かしこまりました。
하이   카시꼬마리마시따

A なるべくはやくしてください。
나루베꾸 하야꾸시떼구다사이

♣ TIP
- しあがる   다 되다
- しあげ   마무리

해석
A 이것 세탁 부탁합니다.
B 예, 알겠습니다.
A 가능한 한 빨리 해 주십시오.

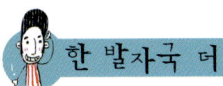
한 발자국 더

■ クリーニングをお願いします。
쿠리-닝구오 오네가이시마스
크리닝을 부탁합니다.

■ アイロンをかけてください。
아이롱오 카께떼구다사이
다려 주십시오.

■ しみ抜きをしてください。
시미누끼오 시떼구다사이
얼룩을 빼 주십시오.

■ どんな物でございますか。
돈나모노데 고자이마스까
어떤 것입니까?

■ いつしあがりますか。
이쯔 시아가리마스까
언제 다 됩니까?

▶ 단어풀이

クリーニング
크리닝
なるべく
가능한 한 될 수 있는 대로
はやく
빨리
アイロンをかける
다림질을 하다
しみ抜(ぬ)きをする
얼룩을 빼다
しあがる
다 되다

028

고장났는데요.
故障してしまったんですが。

♥언니, 이번 겨울은 너무 춥다. 그치? 나 추운거 좋아하지만 이젠 정말 지겨워.
♥그래 맞아. 추우면 가장 힘든 건 어려운 사람들이야. 무척 고생들 했을 거야.
♥수도꼭지 얼어서 우리도 무진장 힘들었잖아.
♥많이들 각성해야지. 미리미리 점검하는 것도 잊지 말고.

POINT 학습

| 고장났는데요. | 故障してしまったんですが。
코쇼-시떼 시맛딴데스가 |
| 수리됩니까? | 直りますか。
나오리마스까 |

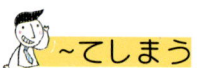 ~てしまう

「~てしまう」의 형태로 동작이 완료된 상태를 나타내는데 이 경우 자신의 의지일 수도 있고, 부주의로 인한 것일 수도 있습니다 (13과 참조). ~て에 연결하는 방법은 앞에서 이미 배운 바 있죠. 이젠 숙달된 것으로 믿겠습니다.

● 忘(わす)れてしまう。　　　잊어버리다.
● 行(い)ってしまう。　　　가 버리다.

손가락 문법

● 명사형용사어간 + ~になる　이(가) 되다.

きれいになりました。　　깨끗해졌습니다.
키레-니 나리마시따

80

하루에 두 마디씩 배워요!!

A すみません。
스미마셍

B いらっしゃいませ。
이랏샤이마세

A これが故障してしまったんですが。
코레가 코쇼-시떼 시맛딴데스가

해석
A 실례합니다.
B 어서 오십시오.
A 이것이 고장났는데요.

한 발자국 더

■ 故障してしまったんですが。
코쇼-시떼 시맛딴데스가
고장났는데요.

■ これがうまく動かないんですが。
코레가 우마꾸 우고까나인데스가
이게 잘 움직이지 않는데요.

■ 直りますか。
나오리마스까
수리됩니까?

■ どんな具合ですか。
돈나 구아이데스까
어떤 상태입니까?

■ パッキングを 取り替えてくれますか。
팟킹구오 토리까에떼구레마스까
패킹을 바꿔주시겠습니까?

▶ 단어풀이

故障(こしょう)
고장
~てしまう
~해(에) 버리다
うまく
잘
動(うご)く
움직이다
直(なお)る
고쳐지다
具合(ぐあい)
형편, 상태

029

꿈을 갖고 있습니까?
夢をお持ちですか。
ゆめ　　も

♥얘. 년 꿈이 뭐야?
♥동시통역사.
♥어휴. 꿈도 야무지다. 어느 천년에.
♥꿈은 크게 가질수록 좋잖아.
♥하긴 나쁜 건 아니다. 하지만 무엇보다 중요한 건 건강이니까 잘 좀 먹어.
♥언니 이상해. 철들자 노망났어? 왠일이야. 나까지 다 챙기구.
♥얘는 내가 언제 너 잊구 사는 거 봤냐? 여러분들도 밥 많이 먹고 힘내세요.

POINT 학습

꿈을 갖고 있습니까?　　　夢をお持ちですか。
　　　　　　　　　　　　　ゆめ　　も
　　　　　　　　　　　　　유메오 오모찌데스까

~이 되고 싶습니다.　　　　~になりたいと思っています。
　　　　　　　　　　　　　　　　　　　　　おも
　　　　　　　　　　　　　니나리따이또오못떼이마스

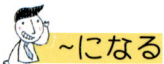 ~になる

'~이 되다' 라는 뜻으로 손가락 문법 코너(26과·27과·28과)에서 배웠습니다. 각 품사에 따라 결합하는 형태가 달라지는데 그 예를 들면 다음과 같습니다

● 명사 + になる
● 형용사 い → く + なる
● 명사형용사 だ를 없애고 + になる

손가락 문법

● ~より　~보다

今年(ことし)は去年(きょねん)より寒(さむ)いです。
코또시와 쿄넹요리 사무이데스

올해는 작년보다 춥습니다.

하루에 두 마디씩 배워요!!

A あなたは何か夢をお持ちですか。
아나따와 나니까 유메오 오모찌데스까

B はい、わたしは立派な先生になりたいと思っています。
하이　　와따시와 릿빠나 센세ー니 나리따이또오못떼이마스

A すごいですね。あなたは。
스고이데스네　　　　　　아나따와

B わたしは漫画家になりたいです。
와따시와 망가까니 나리따이데스

해석

A 당신은 뭔가 꿈을 갖고 있습니까?
B 예, 저는 훌륭한 선생님이 되고 싶습니다.
A 굉장하군요. 당신은요.
B 저는 만화가가 되고 싶습니다.

> ♣ TIP
> 장래희망
> · 会社員(かいしゃいん) 회사원
> · 政治家(せいじか) 정치가
> · ピアニスト 피아니스트
> · アナウンサー 아나운서

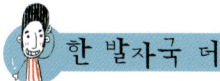

한 발자국 더

■ あなたはどんなことをしようと思いますか。
아나따와 돈나 고또오 시요ー 또 오모이마스까
당신은 어떤 일을 하려고 생각합니까?

■ 何になるつもりですか。
나니니 나루 츠모리데스까
무엇이 될 생각입니까?

■ ~になりたいです。
니 나리따이데스
~이(가) 되고 싶습니다.

■ ~が夢です。
가 유메데스
~이(가) 꿈입니다.

▶ 단어풀이

何(なに)か
뭔가
夢(ゆめ)
꿈
立派(りっぱ)だ
훌륭하다
になる
~이 되다
つもり
작정, 생각

030

여기서 입학을 접수하고 있습니까?
ここで入学(にゅうがく)を受(う)け付(つ)けていますか。

▼ 언니 일본에는 어떤 대학교가 유명해?
▼ 음, 동경대를 비롯하여 교토대, 중앙대 등 많은 대학들이 있지.
　근데 너 대학교라고 일본어로 말해봐.
▼ 大学校(だいがっこう) 아냐?
▼ 내 그럴줄 알았지. 大学校(だいがっこう)가 아니라 그냥 大学(だいがく)라 해야 맞아.
▼ 왜?
▼ 물론 大学校(だいがっこう)라 불리는 곳도 있지만 그건 특수 목적을 띤 특수학교야.

POINT 학습

~로 가주십시오.　　　　　~へどうぞ。
　　　　　　　　　　　　에 도-조

언제까지 준비하면 됩니까?　いつまでに用意(ようい)すればいいですか。
　　　　　　　　　　　　이쯔마데니 요-이스레바 이-데스까

 ~までに、ている

● ~までに
「まで」는 앞에서 손가락 문법을 통해 배운 바 있습니다. 뜻은 '~까지' 이죠. 하지만 기간이 정해져 있을 경우엔 조사 に를 반드시 붙여 써야 하는 점 잊지 마시기 바랍니다.

● ている
「ている」의 형태는 크게 진행과 상태를 나타내는데 상태를 나타내는 경우는 「~てある」라는 형태도 있고 해서 구분하기가 난해합니다(자동사·타동사의 구분, 하여간 머리가 무척아픔). 그냥 여기서는 '~고 있다' 라고 일단은 가볍게 넘어가세요.

손가락 문법

● **~から ~までです** ~에서 ~까지입니다.

会議(かいぎ)は午前9時(ごぜんくじ)から10時(じゅうじ)までです。
가이기와 고젱 쿠지까라 쥬-지마데데스

회의는 오전 9시부터 10시까지입니다.

🙂 하루에 두 마디씩 배워요!!

A すみませんが、ここで入学を受け付けていますか。
스미마셍가　　　　　코꼬데 뉴-가꾸오 우께쯔께떼이마스까

B 3階へどうぞ。
상가이에 도-조

A 書類はいつまでに用意すればいいですか。
쇼루이와 이쯔마데니 요-이스레바 이-데스까

🔶 해석

A 실례지만 여기서 입학을 접수하고 있습니까?
B 3층으로 가주십시오.
A 서류는 언제까지 준비하면 됩니까?

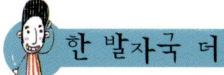 한 발자국 더

■ ここで入学を受け付けていますか。
코꼬데 뉴-가꾸오 우께쯔케떼이마스까
여기서 입학을 접수하고 있습니까?

■ はい、そうです。
하이　　소-데스
예, 그렇습니다.

■ 3階へどうぞ。
상가이에 도-조
3층으로 가주십시오.

■ 書類はいつまでに用意すればいいですか。
쇼루이와 이쯔마데니 요-이스레바 이-데스까
서류는 언제까지 준비하면 됩니까?

■ 必要な書類は何ですか。
히쯔요-나 쇼루이와 난데스까
필요한 서류는 무엇입니까?

▶ 단어풀이

入学(にゅうがく)
입학
受(う)け付(つ)ける
접수하다
階(かい)
층
書類(しょるい)
서류
いつ
언제
~までに
~까지
用意(ようい)する
준비하다
必要(ひつよう)だ
필요하다

단어실력 쑤~욱
회화실력 쑤~욱

■■■ 날짜

일본어	발음	날짜
ついたち	츠이따찌	1일
ふつか	후쯔까	2일
みっか	밋까	3일
よっか	욧까	4일
いつか	이쯔까	5일
むいか	무이까	6일
なのか	나노까	7일
ようか	요-까	8일
ここのか	코꼬노까	9일
とおか	도-까	10일
じゅういちにち	쥬-이찌니찌	11일
じゅうににち	쥬-니니찌	12일
じゅうさんにち	쥬-산니찌	13일
じゅうよっか	쥬-욧까	14일
じゅうごにち	쥬-고니찌	15일
じゅうろくにち	쥬-로꾸니찌	16일
じゅうしちにち	쥬-시찌니찌	17일
じゅうはちにち	쥬-하찌니찌	18일
じゅうくにち	쥬-꾸니찌	19일
はつか	하쯔까	20일
にじゅういちにち	니쥬-이찌니찌	21일
にじゅうににち	니쥬-니니찌	22일
にじゅうさんにち	니쥬-산나찌	23일
にじゅうよっか	니쥬-욧까	24일
にじゅうごにち	니쥬-고니찌	25일
にじゅうろくにち	니쥬-로꾸니찌	26일
にじゅうしちにち	니쥬-시찌니찌	27일
にじゅうはちにち	니쥬-하찌니찌	28일
にじゅうくにち	니쥬-꾸니찌	29일
さんじゅうにち	산쥬-니찌	30일
さんじゅういちにち	산쥬-이찌니찌	31일

■■■ 요일·때

月曜日	게쯔요-비	월요일		先週	센슈-	지난주
火曜日	가요-비	화요일		今週	콘슈-	금주
水曜日	스이요-비	수요일		来週	라이슈-	다음주
木曜日	모꾸요-비	목요일				
金曜日	킹요-비	금요일		去月	셍게쯔	지난달
土曜日	도요-비	토요일		今月	콩게쯔	이달
日曜日	니찌요-비	일요일		来月	라이게쯔	다음달
何曜日	낭요-비	~요일				
				先年	쿄넹	작년
一昨日	오또또이	그저께		今年	코또시	금년
昨日	키노-	어제		来年	라이넹	내년
今日	쿄-	오늘				
明日	아시따	내일		あさ	아사	아침
明後日	아삿떼	모레		ひる	히루	낮
				よる, ばん	요루, 방	밤

사자성어

- 漁父之利 ぎょふのり 교후노리 — 싸우는 두 사람이 아닌 제3자가 이익을 봄
- 一部始終 いちぶしじゅう 이찌부시쥬- — 처음부터 끝까지 상세하게
- 悪戦苦闘 あくせんくとう 아꾸셍꾸또- — 불리한 싸움에서 광기어리게 싸움
- 以心伝心 いしんでんしん 이신덴신 — 무언중에도 상대방에게 알려줌

031

어떤 집을 찾고 있습니까?
どんな物(もの)を探(さが)しているんですか。

♥ 저가 아파트가 많이 분양 돼 나온다던데 어떻게 될 것 같아?
♥ 얘는 공부하다 말고 딴소리야.
♥ 교재에 아파트 얘기가 나오니까 그렇지. 난 그래도 아파트가 편하더라.
♥ 그래도 주택 사는 사람들은 아파트 거저 줘도 싫다고 할 걸? 다 나름대로 즐거움과 편리함이 있는 거야. 난 말이지. 나중에 늙어서 집은 초라해도 뜰은 넓은 집에서 살고 싶어. 아침에 빨래해 널고 나서 물기 촉촉한 뜰을 바라보며 마시는 한잔의 커피, 예술이지 않니?

POINT 학습

~을(를) 찾고 있는데요.　　~を探(さが)しているんですが。
　　　　　　　　　　　　　오 사가시떼 이룬데스가

어떤 ~을 찾고 있습니까?　どんな~を探(さが)しているんですか。
　　　　　　　　　　　　　돈나 오 사가시떼 이룬데스까

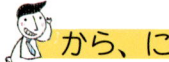 から、に

● から
「から(~에서, ~부터)」의 의미, 또한 「から, まで」의 형태, 「まで」에 に가 붙는 경우, 다 이해하셨죠?

● に
に조사의 의미는 여러 가지가 있으나 여기서는 방향을 나타냅니다.
　・ソウルに住(す)みたい。　서울에 살고 싶다.
　・学校(がっこう)から近(ちか)いところに住(す)みたい。
　　학교에서 가까운 곳에 살고 싶다.

손가락 문법

● ~たことがあります。　~한 적이 있습니다.

聞(き)いたことがあります。　들은 적이 있습니다.
키이따 고또가 아리마스

하루에 두 마디씩 배워요!!

A アパートを探しているんですが。
아파-토오 사가시떼 이룬데스가

B どんな物を探しているんですか。
돈나 모노오 사가시떼 이룬데스까

A 駅から近いところにうつりたいんです。
에끼까라 치까이 도꼬로니 우쯔리따인데스

B これはいかがですか。
코레와 이까가데스까

♣ TIP
• 일본의 아파트
우리의 맨션과 같은 저층의 주거 형태
• 맨션
우리의 아파트라고 볼 수 있는 고층의 주거 형태

아파트라고 해서 우리개념으로 찾아갔다가는 도저히 안되겠죠!!

해석
A 아파트를 찾고 있는데요.
B 어떤 집을 찾고 있습니까?
A 역에서 가까운 곳으로 옮기고 싶습니다.
B 이것은 어떠십니까?

한 발자국 더

■ アパートを探しているんですが。
아파-토오 사가시떼 이룬데스가
아파트를 찾고 있는데요.

■ 部屋を探しているんです。
헤야오 사가시떼 이룬데스
방을 구하고 있습니다.

■ 駅から近いところにうつりたいんです。
에끼까라 치까이 토꼬로니 우쯔리따인데스
역에서 가까운 곳으로 옮기고 싶습니다.

■ 少し広いところに住みたいんです。
스꼬시 히로이 토꼬로니 스미따인데스
좀 넓은 곳에 살고 싶습니다.

▶ 단어풀이
アパート 아파트(저층)
探(さが)す 찾다, 구하다
不動産屋(ふどうさんや) 부동산중개업자
駅(えき) 역
うつる 옮기다
部屋(へや) 방
少(すこ)し 좀
広(ひろ)い 넓다
住(す)む 살다

032

맛있습니까?
おいしいですか。

POINT 학습

~은(는) 얼마입니까?　　　~はいくらですか。
　　　　　　　　　　　　　　와 이꾸라데스까

~에 ~엔입니다.　　　　　~で ~円です。
　　　　　　　　　　　　데　　엔데스

 ~で

사정이나 상태 즉, 한마디로 '~에, ~로, ~으로써' 등으로 일축시켜 주는 말이죠. 몇 가지 연습해 볼까요?

● 100グラムでいくらですか。　　100그램에 얼마입니까?
● 三(みっ)つで1000円(えん)です。　세 개에 1000엔입니다.
● 全部(ぜんぶ)でいくらですか。　전부 얼마입니까?

손가락 문법

● ~のようだ　~와 같다.

　花(はな)のようだ。　꽃같다.
　하나노요-다

♥ 언니, 기무치야? 김치야?
♥ 당연히 김치지. 우리가 일본 의기무치를 이겼다는 거 못 들었어?
♥ 그건 이기고 지는 게 문제가 아니라 자존심 문제지.
♥ 하긴 다른 건 몰라도 어떻게 든 자기네 것으로 소화해 세계화시키려는 노력은 정말 대단해.
♥ 우리도 배울 건 배우고 버릴 건 버려서 얼른 세계에 우뚝 서야지.

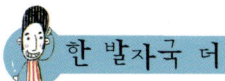

A これはいくらですか。
코레와 이꾸라데스까

B 100グラムで500円です。
하꾸구라무데 고햐꾸엔데스

A おいしいですか。
오이시—데스까

B もちろんです。
모찌론데스

해석
A 이것은 얼마입니까?
B 100그램에 500엔입니다.
A 맛있습니까?
B 물론입니다.

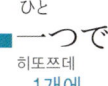

■ これはいくらですか。
코레와 이꾸라데스까
이것은 얼마입니까?

■ 全部でいくらですか。
젬부데 이꾸라데스까
전부 얼마입니까?

■ 100グラムで
하꾸구라무데
100그램에

■ 一つで
히또쯔데
1개에

■ 全部で
젬부데
전부(해서)

▶ 단어풀이

いくら
얼마
グラム
그램
円(えん)
엔
おいしい
맛있다
もちろん
물론
一(ひと)つ
한 개

033

처방전이 없으면 안됩니다.
処方箋(しょほうせん)がなくてはだめです。

POINT 학습

~을 갖고 계십니까?　　　　　~をお持(も)ちですか。
　　　　　　　　　　　　　　오 오모찌데스까

~이 없으면 안됩니다.　　　　~がなくてはだめです。
　　　　　　　　　　　　　　가 나꾸떼와 다메데스

♥아휴! 옛날이 좋았는데. 이거 원 약사러 다니기 힘들어서 살겠어?
♥왜 그러는데?
♥병원갔다 약 타오는데 도대체 몇 시간인지 모르겠어.
♥제도가 정착되려면 시행착오를 겪어야지.
♥그래. 그런 것들이 제대로 돼야 그게 바로 선진국 아니겠어?

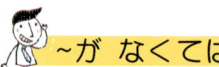 ~が なくては~

'~이 없어서는(없으면)~' 의 의미로 뒤에 금지를 나타내는 표현이 옵니다.
「いけない(안된다)」「いけません(안됩니다)」「ならない(안된다)」「だめだ(안된다)」등이 그에 해당하지요.

● これを食(た)べてはだめです。　이것을 먹어서는 안됩니다.
● これがなくてはだめです。　　　이것이 없으면 안됩니다.

손가락 문법　

● ~ば　~면

いつまでに用意(ようい)すればいいですか。　언제까지 준비하면 됩니까?
이쯔마데니 요-이스레바 이-데스까

하루에 두 마디씩 배워요!!

A 処方箋をお持ちですか。
쇼호-셍오 오모찌데스까

B いいえ、ありませんが。
이-에 아리마셍가

A そうですか。
소-데스까

処方箋がなくてはだめです。
쇼호-셍가 나꾸떼와 다메데스

A 처방전을 갖고 계십니까?
B 아니오, 없습니다만.
A 그렇습니까?
처방전이 없으면 안됩니다.

♣ TIP
くすり 약
薬屋 약국

한 발자국 더

■ 処方箋をお持ちですか。
쇼호-셍오 오모찌데스까
처방전을 갖고 계십니까?

■ はい、あります。
하이 아리마스
예, 있습니다.

■ いいえ、ありません。
이-에 아리마셍
아니오, 없습니다.

■ 処方箋がなくてはお売りできません。
쇼호-셍가 나꾸떼와 오우리데끼마셍
처방전이 없으면 팔 수 없습니다.

▶ 단어풀이

処方箋(しょうほうせん)
처방전
だめだ
안된다
売(う)る
팔다

034

감기에 걸렸군요.
かぜを引きましたね。

♥선생님은 일본어로?
♥先生(せんせい)
♥어쭈, 제법인데? さん을 붙일 줄 알았는데.
♥내가 그것두 모를 줄 알고? 선생님을 비롯해 직함(사장·과장·부장…)에는 さん(〜씨, 〜님)을 안붙이잖아.
♥그럼 의사선생님은?
♥음 医者先生?
♥Oh! No!!!
이 경우엔 お医者(いしゃ)さん이야.
일본은 우리나라처럼 아무데나 先生이라고 안써. 진짜 존경받을 사람, 글쎄 어떤 사람인지는 모르겠지만 선생님께는 최소한 쓰겠지. 그러니까 일반화된 호칭은 아닌 셈이지.

POINT 학습

~가 아픕니다.   ~が痛いです。
　　　　　　　　가이따이데스

입을 벌려 주십시오.   口を開けてください。
　　　　　　　　　쿠찌오 아께떼구다사이

증상

몸이 아플 때 오는 몇 가지 증상들을 들어볼까요?

● けがをする 다치다　　● 下痢(げり)をする 설사하다
● かぜをひく 감기가 들다　● 目(め)がまわる 어지럽다
● たべすぎる 과식하다

손가락 문법

● ~と ~면

冬(ふゆ)になると雪(ゆき)がふる。　겨울이 되면 눈이 옵니다.
후유니 나루또 유끼가 후루

하루에 두 마디씩 배워요!!

A　どこが<ruby>悪<rt>わる</rt></ruby>いのですか。
　　도꼬가 와루이노데스까

B　のどが<ruby>痛<rt>いた</rt></ruby>くて、<ruby>寒<rt>さむ</rt></ruby>けがします。
　　노도가 이따꾸떼　　　사무께가시마스

A　<ruby>口<rt>くち</rt></ruby>を<ruby>開<rt>あ</rt></ruby>けてください。
　　쿠찌오 아께떼구다사이

　　かぜを<ruby>引<rt>ひ</rt></ruby>きましたね。
　　카제오 히끼마시따네

해석

A　어디가 나쁩니까?
B　목이 아프고 오한이 납니다.
A　입을 벌려 주십시오.
　　감기에 걸렸군요.

■ どこが<ruby>悪<rt>わる</rt></ruby>いのですか。
　도꼬가 와루이노데스까
　어디가 나쁩니까?

■ どこが<ruby>痛<rt>いた</rt></ruby>いんですか。
　도꼬가 이따인데스까
　어디가 아픕니까?

■ <ruby>熱<rt>ねつ</rt></ruby>があります。
　네쯔가 아리마스
　열이 있습니다.

■ <ruby>鼻水<rt>はなみず</rt></ruby>が<ruby>出<rt>で</rt></ruby>ます。
　하나미즈가 데마스
　콧물이 납니다.

▶ 단어풀이

医者(いしゃ)
의사
悪(わる)い
안좋다, 나쁘다
のど
목
痛(いた)い
아프다
寒(さむ)けがする
오한이 나다
口(くち)を開(あ)ける
입을 벌리다
かぜをひく
감기에 걸리다
熱(ねつ)
열
鼻水(はなみず)
콧물

035

그거 다행이군요.
それはよかったですね。

♥언니 문병 가서 뭐라고 하는 게 제일 좋지?
♥그거야 몸조리 잘하구 빨리 나으라는 거지 뭐.
♥早(はや)くよくなってください
빨리 나으십시오.
どうぞお大事(だいじ)に
몸조리 잘 하세요.

POINT 학습

| 어떻게 된 겁니까? | どうなったんですか。
도-낫딴데스까 |
| 몸조리 잘하십시오. | どうぞ、おだいじに。
도-조   오다이지니 |

 できる

'~할 수 있다, 생기다, 뛰어나다, 되다' 등의 뜻을 지니고 있으며 여기에서는 '~할 수 있다, 가능하다' 의 의미로 쓰이고 있습니다.

- 退院(たいいん)できる。   퇴원할 수 있다.
- 利用(りよう)できる。   이용할 수 있다.

손가락 문법

- **ために** ~을 위해서

  失敗(しっぱい)しない**ために**は努力(どりょく)しなければならない。
  싯빠이시나이다메니와 도료꾸시나께레바 나라나이
  실패하지 않기 위해서는 노력하지 않으면 안된다.

하루에 두 마디씩 배워요!!

A どうなったんですか。
도-낫딴데스까

B 心配(しんぱい)することないです。
심빠이스루 고또나이데스

あした退院(たいいん)できるんです。
아시따 타이인데끼룬데스

B そうですか。それはよかったですね。
소-데스까 소레와 요깟따데스네

> **♣ TIP**
> 문병 가서 상대방을 위로하는 대표적인 인사말은 이 한마디로 끝내면 됩니다. 꼭 기억해 두고 사용하세요.
> • どうぞお大事(だいじ)に.
> 몸조리 잘 하세요.

해석

A 어떻게 된 겁니까?
B 걱정할 것 없습니다.
 내일 퇴원할 수 있을 것 같습니다.
A 그렇습니까? 그거 다행이군요.

한 발자국 더

■ どうなったんですか。
도-낫딴데스까
어떻게 된 겁니까?

■ 心配(しんぱい)することないです。
심빠이스루고또나이데스
걱정할 것 없습니다.

■ はい、だいぶよくなりました。
하이   다이부 요꾸나리마시따
예, 꽤 좋아졌습니다.

■ もうほとんど治(なお)りました。
모- 호똔도 나오리마시따
이제 거의 나았습니다.

■ それはよかったですね。
소레와 요깟따데스네
그거 다행이군요.

■ どうぞお大事(だいじ)に。
도-조 오다이지니
부디 몸조리 잘 하십시오.

▶ 단어풀이

心配(しんぱい)する
걱정하다
あした
내일
退院(たいいん)
퇴원
よい
좋다, 잘됐다
よくなる
좋아지다
だいぶ
꽤
もう
이제
ほとんど
거의
治(なお)る
낫다

036

정각 2시부터입니다.
ちょうど2時(じ)からです。

POINT 학습

♥시간 읽는 법 좀 알려줘?
♥그러지.

1시	いちじ
2시	にじ
3시	さんじ
4시	よじ
5시	ごじ
6시	ろくじ
7시	しちじ
8시	はちじ
9시	くじ
10시	じゅうじ
11시	じゅういちじ
12시	じゅうにじ

1분	いっぷん
2분	にふん
3분	さんぷん
4분	よんぷん
5분	ごふん
6분	ろっぷん
7분	ななふん
8분	はっぷん
9분	きゅうふん
10분	じゅっぷん

지금 몇 시입니까?　　　　今何時(いま なんじ)ですか。
　　　　　　　　　　　　이마 난지데스까

~전, ~정각　　　　　　　~まえ、ちょうど~
　　　　　　　　　　　　마에　　쵸-도

시각

● 時(じ)　　시　　　　● 分(ふん)　분
● 秒(びょう)　초　　　● 半(はん)　반
● すぎ　　　지남　　　● まえ　　　전
● ちょうど　정각

♥그럼 몇 시 몇 분은?
♥何時(なんじ) 何分(なんぷん)

손가락 문법

● ~たい　~하고 싶다

旅行(りょこう)に行(い)きたいです。　　여행 가고 싶습니다.
료꼬-니　이끼따이데스

하루에 두 마디씩 배워요!!

A 今何時ですか。
　이마 난지데스까

B 1時5分まえです。
　이치지 고훙마에데스

A 会議は何時からですか。
　카이기와 난지까라데스까

B ちょうど2時からです。
　쵸-도 니지까라데스

해석

A 지금 몇 시입니까?
B 1시 5분 전입니다.
A 회의는 몇 시부터입니까?
B 정각 2시부터입니다.

 한 발자국 더

■ 今何時ですか。
　이마 난지데스까
　지금 몇 시입니까?

■ 今2時8分です。
　이마 니지 핫뿐데스
　지금 2시 8분입니다.

■ 1時10分まえです。
　이찌지 줏뿜마에데스
　1시 10분 전입니다.

■ 3時すぎです。
　산지스기데스
　3시 지났습니다.

■ ちょうど12時です。
　쵸-도 쥬-니지데스
　정각 12시입니다.

▶ 단어풀이

今(いま)
지금
何時(なんじ)
몇 시
~まえ
~전
会議(かいぎ)
회의
ちょうど
정각

037

남자분은 몇 명 있습니까?
おとこのひとは何人(なんにん)いますか。

POINT 학습

몇 명 있습니까?	何人いますか。
	난닝 이마스까
몇 명, 몇 개	何人、いくつ
	난닝 이꾸쯔

♥언니, 남자가 おとこのひと야?
♥맞아. 그런데 왜?
♥뭐가 이렇게 길어?
♥응, 그냥 おとこ라고도 하지만 그건 우리의 사내정도의 뉘앙스랄까? 하여간 좀 비하시킨 말이야.
그러니까 おとこのひと라고 해줘야 돼.
♥그럼 여자는?
♥おんなのひと,
  おんなのひと,
  おとこのひと….

조수사

- 枚(まい)   장(얇고 평평한 것)
- 冊(さつ)   권(책)
- 台(だい)   대(자동차, 자전거)
- 足(そく)   켤레(양말, 구두)
- 頭(とう)   마리(말, 소 등 큰 동물)
- 個(こ)   개(사과, 계란 등 작은 물건)
- 本(ほん)   자루(연필 같이 긴 물건)
- 杯(はい)   잔(음료수)
- 階(かい)   층
- 匹(ひき)   마리(개, 고양이 등 작은 동물)

손가락 문법

● ~といいます。 ~라고 합니다.

日本(にほん)の文字(もじ)はかなといいます。
니혼노 모지와 카나또 이-마스
일본의 문자는 가나라고 합니다.

🗣 하루에 두 마디씩 배워요!!

A 事務室(じむしつ)の中(なか)におとこのひとは何人(なんにん)いますか。
지무시쯔노 나까니 오또꼬노히또와 난닝이마스까

B 七人います。
시찌닝이마스

A 箱(はこ)の中(なか)になしはいくつありますか。
하꼬노 나까니 나시와 이꾸쯔 아리마스까

B 八(やっ)つあります。
얏쯔 아리마스

해석
A 사무실 안에 남자는 몇 명 있습니까?
B 7명 있습니다.
A 상자 속에 배는 몇 개 있습니까?
B 상자 속에 배는 몇 개 있습니까?

👤 한 발자국 더

■ なしはいくつありますか。
나시와 이꾸쯔 아리마스까
배는 몇 개 있습니까?

■ 一(ひと)つ 二(ふた)つ 三(みっ)つ 四(よっ)つ 五(いつ)つ 六(むっ)つ 七(なな)つ 八(やっ)つ 九(ここの)つ 十(とお) あります。
히또쯔 후따쯔 밋쯔 욧쯔 이쯔쯔 뭇쯔 나나쯔 얏쯔 코꼬노쯔 토-아리마스
하나, 둘, 셋, 넷, 다섯, 여섯, 일곱, 여덟, 아홉, 열 개 있습니다.

■ おとこのひとは何人(なんにん)いますか。
오또꼬노히또와 난닝이마스까
남자는 몇 명 있습니까?

■ 一人(ひとり) 二人(ふたり) 三人(さんにん) 四人(よにん) 五人(ごにん) 六人(ろくにん) 七人(しちにん) 八人(はちにん) 九人(きゅうにん) 十人(じゅうにん) います。
히또리 후따리 산닝 요닝 고닝 로꾸닝 시찌닝 하찡닝 큐-닝 쥬-닝이마스
한 명, 두 명, 세 명, 네 명, 다섯 명, 여섯 명, 일곱 명, 여덟 명, 아홉 명, 열 명 있습니다.

♣ TIP
있습니다
사람이나 동물
・います
 3人(にん)います。
 3명 있습니다.
무생물이나 사물
・あります
 みかんはいくつありますか。
 귤은 몇 개 있습니까?

▶ 단어풀이

事務室(じむしつ)
사무실
おとこのひと
남자
箱(はこ)
상자
なし
배
いくつ
몇 개
あります
있습니다(움직임이 없는 사물이나 무생물)
います
있습니다(움직임이 있는 사람이나 동물)

038

생일 축하합니다.
お誕生日(たんじょうび)おめでとうございます。

POINT 학습

♥ 축하인사는 おめでとう 하나만 알면 끝이네.
♥ 그렇지, 하지만 어디에 붙나 살펴보자.
- お誕生日(たんじょうび) 생일
- ご栄転(えいてん) 영전
- ご安(あんざん) 순산
- ご昇進(しょうしん) 승진
- ご結婚(けっこん) 결혼
- 合格(ごうかく) 합격

축하합니다.	おめでとう(ございます)。 오메데또- 고자이마스
대단한 건 아니지만	たいしたものじゃないんですが。 다이시따 모노쟈나인데스가

 おめでとう

おめでとう는 축하할 때 쓰이는 인사말로 이 한 가지만 알고 있어도 두루두루 쓸 수 있는 유익한 말이기도 하지요. 예를 들면 다음과 같습니다.

- 誕生日(たんじょうび)おめでとう。　　　생일 축하해요.
- 合格(ごうかく)おめでとう。　　　　　　합격 축하해요.
- 卒業(そつぎょう)おめでとう。　　　　　졸업 축하해요.

손가락 문법

- ~동사 미연형+なければならない　~하지 않으면 안된다.

　早(はや)く起(お)きなければならない。　빨리 일어나지 않으면 안됩니다.
　하야꾸 오끼나께레바나라나이

하루에 두 마디씩 배워요!!

A お誕生日おめでとうございます。
오딴죠-비 오메데또-고자이마스

B ありがとうございます。
아리가또-고자이마스

A たいしたものじゃないんですが、どうぞ。
타이시타 모노쟈나인데스가　　　　　　도-조

해석
A 생신을 축하합니다.
B 감사합니다.
A 별 것 아니지만, 자, 받으세요.

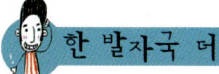

한 발자국 더

■お誕生日おめでとうございます。
오딴죠-비 오메데또-고자이마스
생신 축하합니다.

■誕生日おめでとう。
탄죠-비 오메데또-
생일 축하해.

■ありがとう。
아리가또-
고마워.

■ありがとうございます。
아리가또-고자이마스
고맙습니다.

■たいしたものじゃないんだけど、どうぞ。
타이시따 모노쟈나인다께도　　　　　도-조
별 것 아니지만, 자, 받으세요.

▶ 단어풀이

誕生日(たんじょうび)
생일
おめでとう
축하합니다
たいした
대단한
だけど
「だけれども(그렇지만)」의 준말

039

이것을 빌리고 싶은데요.
これを借(か)りたいんですが。

POINT 학습

~을(를) 빌리고 싶은데요.　　　　　~を借(か)りたいんですが。
　　　　　　　　　　　　　　　　　오　카리따인데스가

~은 갖고 계십니까?　　　　　　　　~はお持(も)ちですか。
　　　　　　　　　　　　　　　　　와　오모찌데스까

♥언니 책을 셀 때는 冊(さつ; 권)을 쓴다고 했지? 우리 연습 좀 하자.

1권	いっさつ
2권	にさつ
3권	さんさつ
4권	よんさつ
5권	ごさつ
6권	ろくさつ
7권	ななさつ
8권	はっさつ
9권	きゅうさつ
10권	じゅっさつ
何권	なんさつ

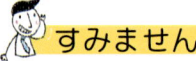 すみませんが

본래 すみません의 본뜻은 '미안합니다' 혹은 '감사합니다'이나 때로는 상대방에게 말을 걸 때에 쓰이기도 합니다. 이제 가게나 음식점 같은 데서 어떻게 입을 떼야 할지는 아시겠죠?

● すみません、本(ほん)を借(か)りたいんですが。　　저, 책을 빌리고 싶은데요.
● はい、どうぞ。　　　　　　　　　　　　　　　　예, 그러시죠.

손가락 문법

● ~か　~나~

生(せい)か死(し)か。삶이냐 죽음이냐.
세-까 시까

하루에 두 마디씩 배워요!!

A すみませんが、これを借りたいんですが。
스미마셍가　　　　코레오　카리따인데스가

B 貸出しカードはお持ちですか。
카시다시카ー도와　오모찌데스까

A はい、あります。
하이　　아리마스

해석
A 실례지만 이것을 빌리고 싶은데요.
B 대출카드는 갖고 계십니까?
A 네, 있습니다.

 한 발자국 더

■ これを借りたいんですが。
코레오　가리따인데스가
이것을 빌리고 싶은데요.

■ この本をかしてください。
코노　홍오　카시떼구다사이
이 책을 빌려 주십시오.

■ 貸出しカードはお持ちですか。
카시다시카ー도와　오모찌데스까
대출카드는 갖고 계십니까?

■ はい、あります。
하이　　아리마스
예, 있습니다.

■ いいえ、まだです。
이ー에　　마다데스
아니오, 아직입니다.

▶ **단어풀이**

図書館員(としょかんいん)
도서관 직원

借(か)りる
빌리다

貸出(かしだ)
대출

カード
카드

本(ほん)
책

まだ
아직

040

어디 나가십니까?
お出かけですか。
（で）

♥언니 ちょっとそこまで. 가 어떤 뜻이야?
♥그냥 가볍게 '잠깐 저기에요.' 정도의 뜻으로 알아두면 돼.
♥문장 전체를 알아두고 쓰면 꽤 쓸모 있겠는데?
♥맞아. 일일이 따지고 해석하기보다 자연스럽게 입에서 터져나오게 하는 게 중요하지.

POINT 학습

어디 나가십니까?　　　お出かけですか。
　　　　　　　　　　　오데까께데스까

예, 저기에 좀.　　　　ええ、ちょっと、そこまで。
　　　　　　　　　　　에-　　촛또　　　소꼬마데

 おはよう

1과에서 기본적인 인사표현에 관해 배운 적이 있었습니다.
기억해 볼까요? おはようございます。こんにちは。こんばんは。
おはようございます。를 おはよう라고 ございます(정중하게 말할 때 붙임)를 떼서 말하면 친구한테, 혹은 손아래사람에게 가볍게 '안녕, 잘잤어?' 하는 정도의 멋진 인사말이 됩니다.

 손가락 문법　　　　　　　　　　　　　　　　　　　　

● ~てしまう　~해 버리다.

　　全部食(ぜんぶだ)べてしまう。　전부 먹어버리다.
　　젬부　타베떼시마우

하루에 두 마디씩 배워요!!

A おはようございます。
오하요-고자이마스

B おはようございます。
오하요-고자이마스

A お出かけですか。
오데까께데스까

B ええ、ちょっと、そこまで。
에- 촛또 소꼬마데

해석
A 안녕하세요.
B 안녕하세요.
A 어디 나가십니까?
B 예, 잠깐 저기에 좀.

한 발자국 더

■ お出かけですか。
오데까께데스까
어디 나가십니까?

■ ええ、ちょっと、そこまで。
에- 촛또 소꼬마데
예, 잠깐 저기에 좀.

■ ちょっと銀行へ行く途中なんです。
촛또 깅꼬-에 이꾸도쮸-난데스
잠깐 은행에 가는 길입니다.

■ 買物に行くところです。
카이모노니 이꾸도꼬로데스
쇼핑 가는 참입니다.

▶ 단어풀이

おはよう
안녕(아침인사)
여기에 ございます를 붙이면 정중한 인사표현이 됩니다.

お出(で)かけ
나가심

ちょっと
좀

銀行(ぎんこう)
은행

買物(かいもの)
쇼핑

단어실력 쑤~욱
회화실력 쑤~욱

■■■ 기본적인 동사

来る	쿠루	오다
する	스루	하다
行く	이꾸	가다
言う	이우	말하다
読む	요무	읽다
買う	카우	사다
売る	우루	팔다
笑う	와라우	웃다
泣く	나꾸	울다
書く	카꾸	쓰다
作る	츠꾸루	만들다
話す	하나스	말하다
やる	야루	주다
もらう	모라우	받다
死ぬ	시누	죽다
待つ	마쯔	기다리다
歩く	아루꾸	걷다
かむ	가무	씹다
遊ぶ	아소부	놀다
泳ぐ	오요구	헤엄치다

休む	야스무	쉬다
習う	나라우	배우다
立つ	타쯔	서다
すわる	스와루	앉다
乗る	노루	타다
直す	나오스	고치다
続く	츠즈꾸	계속되다, 이어지다
使う	츠까우	쓰다, 사용하다
したがう	시따가우	따르다
違う	치가우	다르다
見る	미루	보다
着る	키루	입다
起きる	오끼루	일어나다
落ちる	오찌루	떨어지다
降りる	오리루	내리다
感じる	칸지루	느끼다
用いる	모찌이루	사용하다
過ぎる	스기루	지나다
借りる	카리루	빌리다
似る	니루	닮다

生きる	이끼루	살다
考える	깡가에루	생각하다
助ける	타스께루	돕다
答える	코따에루	대답하다
寝る	네루	자다
出る	데루	나가다

さける	사께루	피하다
得る	에루	얻다
伝える	츠따에루	전하다
しらべる	시라베루	조사하다
現れる	아라와레루	나타나다, 드러나다
与える	아따에루	주다

■■■ 예외 5단동사

入る	하이루	들어가다
帰る	카에루	돌아(가)오다
知る	시루	알다
切る	키루	자르다

限る	카기루	한하다
交じる	마지루	섞다
すべる	스베루	미끄러지다
要る	이루	필요하다

사자성어

- 悠悠自適　ゆうゆうじてき　유ー유ー지떼끼　　하던 일을 그만 두고 하고 싶은 일을 하고 지냄
- 他山の石　たざんのいし　타잔노이시　　타산지석, 무슨 일을 할 때 참고가 됨
- 大言壮語　たいげんそうご　타이겐소ー고　　호언장담
- 離合集散　りごうしゅうさん　리고ー슈ー산　　이합집산

041

먼저 실례하겠습니다.
お先に失礼します。

♥언니 お帰(かえ)りですか. 의 정확한 의미가 뭐지?
♥귀가하십니까? 퇴근하십니까? 나가십니까? 등으로 다양하게 해석이 가능하지.

POINT 학습

지금 나가십니까?	今、お帰りですか。 이마 오까에리데스까
부디 조심해 가십시오.	どうぞ、お気をつけて。 도-조 오기오 츠께떼

 お、ご

일본에서는 존경의 뜻을 나타내기 위해 상대의 소유물 혹은 관계대명사 앞에 お, ご를 붙입니다. 위의 대화 중 お帰(かえ)り 역시「帰る(돌아가다)」라는 동사를 명사로 전환(u를 i로 바꿔 줌)한 뒤 앞에 お를 붙여준 것입니다.
그러나 무조건 お, ご를 붙인다고 해서(ご는 한자어에 많이 붙음) 존경을 나타내지는 않고 단순히 습관적으로 붙이는 경우도 있습니다.

● お茶(ちゃ) 차   ● お皿(さら) 접시

손가락 문법

● ~ていく   ~해 가다.

 凉(すず)しくなっていく。   서늘해지다.
스즈시꾸 낫떼이꾸

하루에 두 마디씩 배워요!!

A 金さん今、お帰りですか。
  상 이마   오까에리데스까

B ええ、きょうは 約束がありまして。
  에-   쿄-와 약소꾸가 아리마시떼

  お先に失礼します。
  오사끼니 시쯔레-시마스

A どうぞ、お気をつけて。
  도-조 오기오 츠께떼

해석
A 김선생님, 지금 나가십니까?
B 예, 오늘은 약속이 있어서 먼저 실례하겠습니다.
A 부디, 조심해서 가십시오.

한 발자국 더

■ 今、お帰りですか。
  이마 오까에리데스까
  지금 나가십니까?

■ ええ、きょうは約束がありまして。
  에-   쿄-와 약소꾸가 아리마시떼
  예, 오늘은 약속이 있어서.

■ 急に友達が来ましたので。
  큐-니 토모다찌가 키마시따노데
  갑자기 친구가 와서.

■ 用がありますので。
  요-가 아리마스노데
  일이 있어서.

TIP
그러면 외출할 때는 뭐라고 인사를 건넸었죠!? 다들 기억하고 계신가요?
・お出(で)かけですか。
 나가십니까?

▶ 단어풀이
今(いま) 지금
お帰(かえ)り 귀가하심
約束(やくそく) 약속
お先(さき)に 먼저
失礼(しつれい)します 실례하겠습니다
急(きゅう)に 갑자기
友達(ともだち) 친구
用(よう) 일, 볼일

042

건강하십니까?
お元気(げんき)ですか。

♥ 언니, '바쁘십니까?'도 안부를 묻는 인사가 될 수 있나?
♥ 그거야 당연하지. 바쁘다는 건 그만큼 잘나간다는 뜻이니까.
♥ 하긴 요즘세상에 바쁠 수 있다는 것도 축복이긴 할 거야. 언니, 형부는 어때?
♥ 니네 형부? 니네 형부야 철부지 처제만 없으면 만사 OK지 뭐.

POINT 학습

요즘 바쁘십니까?　　このごろお忙(いそが)しいですか。
　　　　　　　　　　코노고로 오이소가시-데스까

건강하십니까?　　　お元気(げんき)ですか。
　　　　　　　　　　오겡끼데스까

 お元気(げんき)ですか

일본어를 전혀 모르시는 분들도 이 말은 어디서 들어본 듯한 말일 겁니다. 어디서냐구요? 그 유명한 영화 러브레터(라브레터)의 대사니까요.
이 お元気(げんき)ですか。는 상대방의 안부를 물을 때 사용되는 말로 おかげさまで。라는 말과 더불어 사용하면 예의바른 사람이 되실 수 있습니다.

 손가락 문법

● ~てくる　~하게 되다.

わかってくる。　　알게 되다.
와깟떼구루

하루에 두 마디씩 배워요!!

A このごろお忙(いそが)しいですか。
코노고로 오이소가시─데스까

B はい、まあまあです。
하이   마─마─데스

A お父(とう)さんはお元気(げんき)ですか。
오또─산와 오겡끼데스까

B はい、あいかわらず元気(げんき)です。
하이   아이까와라즈 겡끼데스

해석

A 요즘 바쁘십니까?
B 예, 그저 그렇습니다.
A 아버님은 건강하십니까?
B 예, 여전히 건강하십니다.

한 발자국 더

■ このごろお忙(いそが)しいですか。
코노고로 오이소가시─데스까
요즘 바쁘십니까?

■ まあまあです。
마─마─데스
그저 그렇습니다.

■ あいかわらずです。
아이까와라즈데스
여전합니다.

■ 少(すこ)し忙(いそが)しいです。
스꼬시 이소가시─데스
조금 바쁩니다.

▶ 단어풀이

このごろ
요즘
まあまあだ
그저 그렇다
お父(とう)さん
아버지
元気(げんき)だ
건강하다
あいかわらず
여전히
少(すこ)し
조금

043

별고 없으십니까?
お変(か)わりありませんか。

POINT 학습

오래간만이군요?   お久(ひさ)しぶりですね。
　　　　　　　　　오히사시부리데스네

별고 없으십니까?   お変(か)わりありませんか。
　　　　　　　　　오까와리아리마셍까

♥언니, 안부를 묻는 인사말 좀 정리해 보자.
♥그래 그래.
お元気(げんき)ですか。
건강하십니까? 잘지내십니까?
お変(か)わりありませんか。
별고 없으십니까?
このごろお忙(いそが)しいですか。
요즘 바쁘십니까?
このごろいかがですか。
요즘 어떠십니까?

 げんき

앞에서 제가 「おかげさまで。」를 「お元気(げんき)ですか。」와 더불어 사용하라고 했었습니다. 그 자체의 의미는 「덕분에」라는 의미죠.
물론 이 과에서처럼 「お変(か)わりありませんか。」와도 잘 어울리는, 소위 궁합이 통하는 사이가 될 수도 있겠죠. 조금은 덜 정중하게 「おかげで」라고도 할 수 있습니다. 기억하시기 바랍니다.

손가락 문법

● ~てみる   ~해 보다.

行(い)ってみます。   가봅니다.
잇떼미마스

하루에 두 마디씩 배워요!!

A 林さん、お久しぶりですね。
하야시상　　오히사시부리데스네

B ああ、金さんじゃありませんか。しばらくですね。
아―　　　　상쟈아리마셍까　　　　　　　　시바라꾸데스네

A お変わりありませんか。
오까와리아리마셍까

B おかげさまで元気です。
오까게사마데 겡끼데스

해석

A 하야시 씨 오래간만이군요.
B 아, 김씨 아니십니까? 오래간만입니다.
A 별고 없으십니까?
B 덕분에, 잘 있습니다.

한 발자국 더

■ お変わりありませんか。
오까와리아리마셍까
별고 없으십니까?

■ おかげさまで元気です。
오까게사마데 겡끼데스
덕분에 잘 있습니다.

■ おかげさまであいかわらずです。
오까게사마데 아이까와라즈데스
덕분에 여전합니다.

■ はい、おかげさまで。ありがとうございます。
하이　오까게사마데　　　아리가또―고자이마스
예, 덕분에요. 고맙습니다

> **♣ TIP**
> 안부인사는 이거 한마디면 끝나죠!
> ・お元気(げんき)ですか。
> 　건강하십니까?
> 　잘 지내십니까?
> ・おかげさまで。
> 　덕분예요.

▶ 단어풀이

久(ひさ)しぶり
오래간만

じゃ
「では」의 회화체

しばらく
오래간만

変(か)わり
별고

おかげさまで
덕분에

044

감사합니다.
ありがとうございます。

POINT 학습

감사합니다.	ありがとうございます。 아리가또-고자이마스
천만에요.	どういたしまして。 도-이따시마시떼

 짝꿍짝꿍, 내짝꿍

조금은 쉬어가는 의미로 짝꿍찾기를 해볼까요? 그게 뭐냐구요? 제가 그냥 이름붙인 거랍니다. 함께 쓰이는 말이죠.

- ありがとうございます。 → どういたしまして。
- いただきます。 → ごちそうさまでした。
- お誕生日(たんじょうび)おめでとうございます。 → ありがとうございます。
- お元気(げんき)ですか。 → おかげさまで、元気(げんき)です。

 손가락 문법

- もう　벌써

　もうおそいです。　　벌써 늦었습니다.
　모-오소이데스

「감사합니다」의 4단계
- どうも。
  '정말, 매우' 의 뜻인데 '감사합니다' 라는 의미로도 쓰인다.
- ありがとう。
  고마워.
- ありがとうございます。
  감사합니다.
- どうもありがとうございます。
  대단히 감사합니다.

하루에 두 마디씩 배워요!!

A どうもありがとうございます。
도-모 아리가또- 고자이마스

B どういたしまして。
도- 이따시마시떼

わたしもお役に立ててうれしいです。
와따시모 오야꾸니 타떼떼 우레시-데스

해석

A 대단히 감사합니다.
B 천만에요.
저도 도움이 되어 기쁩니다.

 한 발자국 더

■ありがとう。
아리가또-
고마워.

■ありがとうございます。
아리가또- 고자이마스
대단히 감사합니다.

■どうもありがとうございます。
도-모 아리가또- 고자이마스
정말 감사합니다.

■どういたしまして。
도- 이따시마시떼
천만에요.

■いいえ。
이-에
아니오(천만에요).

▶ 단어풀이

どうも
대단히, 매우
どういたしまして
천만에요

045

다녀오겠습니다.
いってまいります。

♥언니 ただいま。가 무슨 뜻이야?
♥응, '방금, 이제 막'의 뜻으로 「かえりました。(지금 돌아왔습니다)」의 준말이야.

POINT 학습

다녀오겠습니다.　　　　　いってまいります。
　　　　　　　　　　　　잇떼 마이리마스

다녀오세요.　　　　　　　いってらっしゃい。
　　　　　　　　　　　　잇떼랏샤이

 귀가인사

외출, 귀가시 사용되는 인사말을 정리해 보겠습니다. 의례적으로 많이 사용하는 말이니 외우고 넘어가세요.

● いってまいります。다녀오겠습니다 → いってらっしゃい。다녀오세요
● ただいま。다녀왔습니다 → お帰(かえ)りなさい。어서 돌아오세요

 손가락 문법

● 동사연체형+とおもう　~라고 생각하다.

　むずかしいと思(おも)います。　　어렵다고 생각합니다.
　무즈까시ー또 오모이마스

하루에 두 마디씩 배워요!!

A いってまいります。
잇떼 마이리마스

B おかえりはおそいんですか。
오까에리와 오소인데스까

A いいえ、はやくかえります。
이-에   하야꾸 카에리마스

B じゃ、行ってらっしゃい。
쟈   잇떼랏샤이

해석

A 다녀오겠습니다.
B 늦게 돌아오십니까?
A 아니오, 빨리 돌아옵니다.
B 그럼, 다녀오세요.

TIP
・ただいま。
다녀 왔습니다
잘 지내십니까?에 대한 답변은?
・おかえりなさい。
이제 오세요?
돌아 오십니까?

한 발자국 더

■ いってまいります。
잇떼마이리마스
다녀오겠습니다.

■ いってきます。
잇떼기마스
다녀오겠습니다.

■ おかえりはおそいんですか。
오까에리와 오소인데스까
늦게 돌아오십니까?

■ いいえ、はやくかえります。
이-에   하야꾸 카에리마스
아니오, 빨리 돌아옵니다.

■ すぐかえります。
스구 카에리마스
곧 돌아옵니다.

▶ 단어풀이

まいる
「来る(오다)」의 겸사말
おそい
늦다
はやく
빨리
かえる
돌아오다
すぐ
곧

046

늦어서 죄송합니다.
遅(おそ)くなって、すみません。

♥ 언니, すみません이 감사하다는 뜻으로도 쓰인다며?
♥ 어쭈 제법인데? 맞아, 그러니까 모르는 사람에게 말을 걸 때, 사과할 때, 고맙다는 말을 할 때 쓸 수 있지.
♥ OK.

POINT 학습

| 늦어서 죄송합니다. | 遅くなって、すみません。
오소꾸낫떼　　스미마셍 |
| 아니오, 저도 방금 왔습니다. | いいえ、わたしも来(き)たばかりです。
이-에　와따시모 키따바까리데스 |

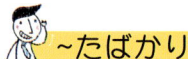
~たばかり

과거를 나타내는 조동사 た 뒤에 ばかり가 접속하여 '막, 방금'이라는 의미를 갖습니다.

● 来(き)たばかりです。　　　　막(방금) 왔습니다.
● いま出発(しゅっぱつ)ばかりだ。　막 출발했다.

손가락 문법

● **~けれども** ~이지만

金(かね)もないけれどもひまもない。　돈도 없지만 짬도 없다.
카네모 나이케레도모 히마모나이

하루에 두 마디씩 배워요!!

A 遅(おそ)くなって、すみません。
   오소꾸낫떼   스미마셍

　どのくらい待(ま)ちましたか。
　도노구라이 마찌마시따까

B いいえ、わたしも来(き)たばかりです。
   이-에   와따시모 키따바까리데스

해석

A 늦어서 죄송합니다.
　얼마나 기다리셨습니까?
B 아니오, 저도 방금 왔습니다.

한 발자국 더

■ すみません。
　스미마셍
　미안합니다.

■ どうもすみません。
　도-모스미마셍
　정말 미안합니다.

■ 申(もう)しわけありません。
　모-시와께아리마셍
　죄송합니다.

■ ごめんなさい。
　고멘나사이
　죄송합니다.

■ お許(ゆる)しください。
　오유루시구다사이
　용서해 주십시오.

▶ 단어풀이

どのくらい
얼마나
待(ま)つ
기다리다
~も
~도
~たばかり
막, 방금
どうも
정말, 매우
ごめん
방문, 사과할 때의 인사말
許(ゆる)す
용서하다

047

부디 기운을 내십시오.
どうぞ、元気を出してください。

POINT 학습

얼마나 애통하십니까?　　ご愁傷様でした。
　　　　　　　　　　　　고슈-쇼-사마데시따

부디 기운을 내십시오.　　どうぞ、元気を出してください。
　　　　　　　　　　　　도-조　겡끼오 다시떼구다사이

♥ 언니, 잘 써 먹을 수 있는 조문 인사 몇 가지만 가르쳐 줘.
♥ 너 알려주면 다 소화하긴 하는 거니?
♥ 그래도 열심히 하려는 의지는 가상하잖아.
♥ 그렇다면 두 개만 가르쳐 주지.
　• 本当(ほんとう)にお気(き)の毒(どく)でした。
　　정말 안됐습니다.
　• 心(こころ)から冥福(めいふく)をおいのり申(もう)し上(あ)げます。
　　진심으로 명복을 빕니다.

 ~ていただく

「~ていただく」라는 표현 기억나시나요? 물론 아하~ 하시는 분들도 계실 테고, 뭔소리지? 하는 분들도 계실 겁니다. 「~ていただく (~해 받다)」즉, '~해 주시다'의 의미이죠. 이제 이해가 되시나요? 그럼 머릿속에 쏘옥 저장하십시오.

● 来(き)ていただいて、ありがとうございます。　와주셔서 감사합니다.

 손가락 문법

● 동사의 종지형+そうです　　~라고 합니다. (~랍니다. ~답니다.)
　おいしいそうです。　　맛있답니다.
　오이시-소-데스

 하루에 두 마디씩 배워요!!

A このたびは、ご愁傷様でした。
　고노타비와　　　고슈-쇼-사마데시따

　どうぞ、元気を出してください。
　도-조　　겡끼오 다시떼구다사이

B 来ていただいて、ありがとうございます。
　키떼이따다이떼　　　아리가또-고자이마스

해석

A 이번에는 얼마나 애통하십니까?
　부디, 기운을 내십시오.

B 와주셔서 감사합니다.

♣ TIP
인생에 있어 이때만큼 충격이 크고 스트레스 지수가 극도로 높아지는 때는 없습니다. 누군가를 보낸다는 것이 쉬운 일은 아니겠죠. 진심으로 위로의 말을 건네 보세요.

한 발자국 더

■ 元気を出してください。
　겡끼오다시떼구다사이
　부디 기운을 내십시오.

■ 早くよくなってください。
　하야꾸요꾸낟떼구다사이
　빨리 완쾌하십시오.

■ 心からお悔やみ申し上げます。
　코꼬로까라 오꾸야미모-시아게마스
　진심으로 애도합니다.

■ 来ていただいて、ありがとうございます。
　키떼이따다이떼　　아리가또-고자이마스
　와주셔서 감사합니다.

■ ほんとうに気の毒でした。
　혼또-니 키노 도꾸데시따
　정말 안됐습니다.

▶ 단어풀이

たび
때, 번
このたびは
이번에는
愁傷(しゅうしょう)
비통함, 슬퍼함
元気(げんき)を出(だ)す
기운을 내다
~ていただく
「~해 받다」의 공손한 말

048

슬슬 실례하겠습니다.
そろそろ失礼(しつれい)します。

♥ 언니 '실례하겠습니다'가 이렇게 여러 곳에서 잘 쓰이네.
♥ 일본인들이 얼마나 예의가 바른 사람들인데.
♥ もうおいとまいたします。는 또 뭐야?
♥ 응 いとま가 작별·이별을 뜻하거든. 거기에 お~する 형태(49과 참조)가 더해져 '이만 작별하겠습니다' 즉 '이만 가 봐야겠습니다'의 뜻이 되는 거지.

POINT 학습

실례하겠습니다.　　　　失礼(しつれい)します。
　　　　　　　　　　　시쯔레-시마스

~때문에 이만 실례하겠습니다.　~ので、これで失礼(しつれい)します。
　　　　　　　　　　　노데　　코레데 시쯔레-시마스

 お ~ になる

존경 표현을 하는데 별의별 방법을 다 쓰는 그네들 때문에 우리가 이렇게 고생을 해야 되겠습니까? 그렇지만 포기할 수는 없죠.
お를 앞에다 붙이고 동사의 ます형을 가져와, になる를 연결하면 만사 OK. 연습해 볼까요?

● お帰(かえ)りになる。　　돌아가시다.
● お着(つ)きになる。　　도착하시다.

손가락 문법

● 동사의 ます형·형용사 어간+そうです　~할 것 같습니다.

この本(ほん)はおもしろそうです。　　이 책은 재미있을 것 같습니다.
코노 혼와 오모시로소-데스

하루에 두 마디씩 배워요!!

A　すみませんが、そろそろ失礼します。
　　스미마셍가　　　　　　소로소로 시쯔레-시마스

B　もうお帰りになりますか。
　　모- 오까에리니나리마스까

A　うちが遠いので、きょうはこれで失礼します。
　　우찌가 토-이노데　　　쿄-와 코레데 시쯔레-시마스

해석

A　죄송하지만 슬슬 실례하겠습니다.
B　벌써 가시겠습니까?
A　집이 멀기 때문에 오늘은 이만 실례하겠습니다.

한 발자국 더

■ そろそろ失礼します。
　소로소로 시쯔레-시마스
　슬슬 실례하겠습니다.

■ これで失礼します。
　코레데 시쯔레-시마스
　이만 실례하겠습니다.

■ もうおいとまいたします。
　모- 오이또마이따시마스
　이만 가봐야겠습니다.

■ またおいでください。
　마따 오이데구다사이
　또 오십시오.

■ 樂しかったです。
　타노시 깟따데스
　즐거웠습니다.

▶ 단어풀이

そろそろ
슬슬
失礼(しつれい)
실례
もう
벌써
帰(かえ)る
돌아가다, 돌아오다
うち
집
遠(とお)い
멀다
きょう
오늘
これで
이만

049

소개하겠습니다.
ご紹介します。
しょうかい

POINT 학습

소개하겠습니다.	ご紹介します。
	고쇼-까이시마스
이쪽은 ~씨입니다.	こちらは ~ さんです。
	코찌라와　　　산데스

 ご ~ する

자기를 낮춰서 남을 높이는 겸양표현입니다. 같은 방법으로 お(ご)에 동사의 ます형, する이어서 접속. 쉽지요? 외우지 마시고 자꾸 읽고, 원어민의 발음을 들으시라니까요.

- ご紹介(しょうかい)します。　소개하겠습니다.
- お持(も)ちします。　들겠습니다.

♥ 언니, 소개할 때는 도대체 뭘 물어봐야 되지?
♥ お国(くに)はどこですか。 정도
♥ 어느 나라 사람이냐구?
♥ 아니지, 이건 국적을 묻는 게 아니고 고향, 출신지를 뜻하는 거야. 기억해 둬.

손가락 문법

- ~にいく　~하러 가다.

  買物(かいもの)に行(い)く。　쇼핑하러 가다.
  카이모노니 이꾸

하루에 두 마디씩 배워요!!

A 金さん、ご紹介します。
　　상　　　　고쇼-까이시마스

　こちらは木村さんです。
　코찌라와 키무라산데스

　こちらは金さんです。
　코찌라와 산데스

B 金です。はじめまして。どうぞよろしく。
　데스　　하지메마시떼　　　도-조 요로시꾸

해석

A 김씨, 소개하겠습니다.
　이쪽은 기무라씨입니다.
　이쪽은 김씨입니다.
B 김입니다. 처음 뵙겠습니다.

♣ TIP

일본인들은 비즈니스 거래 시에 명함 주고받기를 즐겨합니다. 하지만 자신을 완전하게 오픈하지 않는 성격의 그들 앞에서 명함을 함부로 다룬다면 자신을 가볍게 여긴다고 오해를 할 수 있습니다. 만남에 있어 제일 중요한 것은 신뢰라고 생각합니다. 정직하고, 자신감 있게 그리고 프라이버시를 존중해 행동한다면 당신의 주변 관계도 점점 업그레이드 될 것입니다.

한 발자국 더

■ ご紹介します。
　고쇼-까이시마스
　소개하겠습니다.

■ こちらは ~ さんです。
　코찌라와　　산데스
　이쪽은 ~입니다.

■ こちらは ~ の ~ です。
　코찌라와　　노　데스
　이쪽은 ~의 ~입니다.

■ お目にかかれてうれしいです。
　오메니 카까레떼 우레시-데스
　만나 뵙게 되어 기쁩니다.

▶ 단어풀이

紹介(しょうかい)
소개

こちら
이쪽

~さん
~씨, ~님

050

결혼하셨습니까?
結婚していますか。
けっこん

POINT 학습

♥ 언니, 그럼 언제나 ている를 취하는 동사는 뭐가 있지?
♥ 단순한 상태를 나타내는 동사. 그러니까 예를 들면 すぐれる(뛰어나다), 似(に)る(닮다), そびえる(우뚝 솟다) 등이 있어.
• 私(わたし)は母親(ははおや)に似(に)ています。
 저는 어머니를 닮았습니다.

결혼하셨습니까?	結婚していますか。
	けっこん
	켓꼰시떼이마스까
아직 독신입니다.	まだシングルです。
	마다 싱구루데스

 結婚(けっこん)している

한국어와는 다른 뉘앙스의 차이 때문에 발생하는 문제인데, 예를 들어 '~했습니까?' 식의 질문이 단순히 '했다', 즉 완료·종결이면「しました(했습니다)」로 표현하지만, 그 상태가 그대로 현재까지 유지되고 있다면「~ている」로 형태를 써야 합니다. 그냥 관용적으로 외워두시는 것이 간단하겠죠.

● 結婚(けっこん)していますか。　결혼했습니까?
● はい、しています。　　　　예, 했습니다.
● いいえ、していません。　　아니오, 하지 않았습니다.

손가락 문법

● ~にあう　~을(를) 만나다.

　友(とも)だちにあう。　친구를 만나다.
　토모다찌니 아우

128

하루에 두 마디씩 배워요!!

A お兄さんは結婚していますか。
오니-산와 켓꼰시떼이마스까

B いいえ、まだシングルです。
이-에 마다 싱구루데스

金さんは。
김상와

A わたしは 結婚しています。
와따시와 켁꼰시떼 이마스

해석

A 형님은 결혼하셨습니까?
B 아니오. 아직 독신입니다.
   김씨는요.
A 저는 결혼했습니다.

한 발자국 더

■ 結婚していますか。
켓꼰시떼이마스까
결혼하셨습니까?

■ はい、結婚しています。
하이   켓꼰시떼이마스
예, 결혼했습니다.

■ はい、結婚しました。
하이   켓꼰시마시따
예, 결혼했습니다.(결혼한 상태가 유지되고 있는지는 알 수 없음)

■ いいえ、まだ結婚していません。
이에   마다켓꼰시떼이마셍
아니오, 아직 결혼하지 않았습니다.

▶ 단어풀이

おにいさん
형, 형님, 오빠
結婚(けっこん)
결혼
まだ
아직
シングル
독신, 싱글

단어실력 쑤~욱 회화실력 쑤~욱

■■■ 기본적인 형용사·명사형용사

広い	히로이	넓다		甘い	아마이	달다
狭い	세마이	좁다		にがい	니가이	쓰다
大きい	오-끼-	크다		太い	후또이	굵다
小さい	치-사이	작다		細い	호소이	가늘다
おいしい	오이시-	맛있다		厚い	아쯔이	두껍다
まずい	마즈이	맛이 없다		薄い	우스이	얇다
長い	나가이	길다		良い	요이	좋다
短い	미지까이	짧다		悪い	와루이	나쁘다
多い	오-이	많다		暑い	아쯔이	덥다
少ない	스꾸나이	적다		寒い	사무이	춥다
遠い	토-이	멀다		しずかだ	시즈까다	조용하다
近い	치까이	가깝다		きれいだ	키레-다	깨끗하다, 예쁘다
高い	타까이	높다		にぎやかだ	니기야까다	떠들썩하다
低い	히꾸이	낮다		りっぱだ	릿빠다	훌륭하다
新しい	아따라시-	새롭다		好きだ	스끼다	좋아하다
古い	후루이	낡다		嫌いだ	키라이다	싫어하다
強い	츠요이	강하다		上手だ	죠-즈다	잘하다
弱い	요와이	약하다		下手だ	헤따다	서투르다
重い	오모이	무겁다		元気だ	겡끼다	건강하다
軽い	카루이	가볍다		同じだ	오나지다	같다

確かだ	타시까다	확실하다		不思議だ	후시기다	이상하다
大丈夫だ	다이죠-부다	괜찮다,문제없다		大切だ	타이세쯔다	중요하다
たいへんだ	타이헨다	큰일이다		けっこうだ	켓꼬-다	괜찮다,좋다
まじめだ	마지메다	성실하다		明らかだ	아끼라까다	밝다,분명하다
豊かだ	유따까다	풍부하다		主だ	오모다	중요하다
だめだ	다메다	안된다		大事だ	다이지다	중요하다
勝手だ	갓떼다	제멋대로 굴다		健やかだ	스꼬야까다	튼튼하다
むだだ	무다다	쓸데없다		十分だ	쥬-분다	충분하다
暇だ	히마다	한가하다		すてきだ	스떼끼다	멋지다,근사하다
残念だ	잔넨다	유감이다		いろいろだ	이로이로다	여러가지다

사자성어

- 自然淘汰 しぜんとうた 시젠또―따 강자는 살고 약자는 멸함
- 迂餘曲折 うよきょくせつ 우요꾜꾸세쯔 우여곡절
- 栄枯盛衰 えいこせいすい 에―꼬세―스이 흥망성쇠. 모든 건 흥하기도 하고 멸하기도 한다는 뜻
- 油断大敵 ゆだんだいてき 유단다이떼끼 방심이 가장 큰 적이라는 뜻

051 아직도 눈이 내리고 있습니까?
まだ雪降っていますか。

POINT 학습

아직도 내리고 있습니까?	まだ降っていますか。 마다 훗떼이마스까
진절머리나요.	うんざりするよ。 운자리스루요

♥날씨 표현에 관해 조금 더 자세히 해볼까?
- はれた天気(てんき)です。
  개인 날씨입니다.
- ほんとうにあついですね。
  정말 덥군요.
- いやに寒(さむ)いですね。
  굉장히 춥군요.

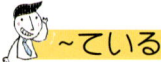 ~ている

이 과에서 배울 ~ている의 형태는 진행을 나타냅니다. 그러니까 동작이 일정기간 계속 된다는 뜻이죠.

● きのうからずっと雪(ゆき)が降(ふ)っています。
  어제부터 쭉 눈이 내리고 있습니다.

 손가락 문법

● ~くらい ~쯤(~정도)

会社(かいしゃ)まで歩(ある)いて10分(じっぷん)くらいかかる。
카이샤마데 아루이떼 짓뿡구라이 카까루
회사까지 걸어서 10분 정도 걸린다.

🐸 하루에 두 마디씩 배워요!!

A まだ雪降っていますか。
  마다 유끼 훗떼이마스까

B ええ。
  에-

A このお天気にはうんざりするよ。
  코노 오뗑끼니와 운자리스루요

> **♣ TIP**
> 사계절 변화
> · 春(はる)   봄
> · 夏(なつ)   여름
> · 秋(あき)   가을
> · 冬(ふゆ)   겨울
> · 暖(あたた)かい 따뜻하다
> · 暑(あつ)い   덥다
> · 秋(すず)しい 시원하다
> · 寒(さむ)い   춥다

🍊 해석

A 아직도 눈이 내리고 있습니까?
B 예.
A 이런 날씨는 진절머리나 죽겠어요.

🧑 한 발자국 더

■ くもったお天気ですね.。
  쿠못타 오뗑끼데스네
  흐린 날씨군요.

■ 雨(雪)がふりそうです。
  아메 유끼가 후리소-데스
  비(눈)가 올 것 같습니다.

■ むし暑いですね。
  무시아쯔이데스네
  무덥군요.

■ 風が吹きます。
  카제가 후끼마스
  바람이 붑니다.

■ とても寒いです。
  토떼모 사무이데스
  매우 춥습니다.

▶ 단어풀이

雪(ゆき)
눈
降(ふ)る
내리다
天気(てんき)
날씨
うんざり
지긋지긋함, 싫증남

052

서울역 방면은 이쪽이 맞습니까?

ソウル駅方面はこっち
であっていますか。
えき ほう めん

POINT 학습

♥ 길 안내에 필요한 위치 용어 몇가지만 가르쳐 줄래?
♥ 뒷부분 단어코너에도 나오긴 하지만 조금 해볼까?
- この辺(へん) 이 부근
- こちら側(がわ) 이쪽편
- 曲(ま)がる 구부러지다
- まっすぐ 곧장
- 角(かど) 모퉁이

| 이쪽이 맞습니까? | こっちであっていますか。
콧찌데 앗떼이마스까 |
| 아니오 ~입니다. | いいえ ~です。
이-에   데스 |

 あっています。

「あう(기준에 맞다)」동사의 경우「ている」의 형태를 취합니다. 그런 동사는 이외에도 여러가지가 있는데,
「結婚(けっこん)していますか。」「知(し)っていますか。」등등이 그 좋은 예죠.
그때 그때 자신의 것으로 소화하고 넘어가시기 바랍니다.

손가락 문법

● ~ばかり ~쯤, ~만

二(ふた)つばかりください。   두 개만 주십시오.
후따쯔바까리 구다사이

하루에 두 마디씩 배워요!!

A ソウル駅方面はこっちであっていますか。
소우루에끼호-멘와콧찌데 앗떼이마스까

B いいえ、向うです。
이-에 무꼬-데스

A ありがとうございます。
아리가또-고자이마스

해석
A 서울역 방면은 이쪽이 맞습니까?
B 아니오, 맞은편입니다.
A 감사합니다.

 한 발자국 더

- ~はこっちであっていますか。
  와 콧찌데 앗떼이마스까
  ~은(는) 여기가 맞습니까?

- ~はどこですか。
  와 도꼬데스까
  ~은(는) 어디입니까?

- ~はどの辺りでしょうか。
  와 도노아따리데쇼-까
  ~은(는) 어느 부근입니까?

- ~です。
  데스
  ~입니다.

- ~ばいいです。
  바 이-데스
  ~면 됩니다.

▶ 단어풀이

方面(ほうめん)
방면
こっち
이쪽
合(あ)う
맞다
向(むこ)う
맞은편
辺(あた)り
부근
~ば
~면

053

이 버스는 서울역에 갑니까?
このバスはソウル駅(えき)まで行(い)きますか。

POINT 학습

♥언니, 왜 ソウル駅(えき)지? 일본어는 の가 많이 붙는다면서?
♥벌써 다 잊어버렸어? 고유명사엔 안 붙인다고 했잖아.

~는 ~에 갑니까?   ~は ~まで行(い)きますか。
                         와 마데 이끼마스까

예, 갑니다.   はい、行(い)きます。
                         하이   이끼마스

 직업도 가지가지

왜 갑자기 직업이냐구요? 그야 독자님들이 워낙 열심히(?) 공부하신 덕택에 몇 가지 참고삼아 준비해 봤습니다.

- 会社員(かいしゃいん) 회사원
- サラリーマン 샐러리맨
- 医者(いしゃ) 의사
- 弁護士(べんごし) 변호사
- 公務員(こうむいん) 공무원
- 運転手(うんてんしゅ) 운전사
- 看護婦(かんごふ) 간호사
- 軍人(ぐんじん) 군인

손가락 문법

● ~のに ~하는데

金(かね)もないのにぜいたくする。   돈도 없는데 사치한다.
카네모나이노니 제-따꾸스루

🍀 하루에 두 마디씩 배워요!!

A　このバスはソウル駅まで行きますか。
　　고노바스와 소우루에끼마데 이끼마스까

B　はい。
　　하이

A　とおいですか。
　　토오이데스까

B　いいえ、ちかいです。
　　이-에 치까이데스

해석
A　이 버스는 서울역에 갑니까?
B　예, 갑니다.
A　멉니까?
B　아니오, 가깝습니다.

🍀 TIP
- ~行(ゆき)のバス
  ~행 버스
- 南大門行(ゆき)のバス
  남대문행 버스
- ~番(ばん)バス
  ~번 버스
- 何番(なんばん)バス
  몇 번 버스

한 발자국 더

■ このバスは ~ まで行きますか。
　고노바스와　　　마데 이끼마스까
　이 버스는 ~까지 갑니까?

■ 何番バスが行きますか。
　남밤바스가 이끼마스까
　몇 번 버스가 갑니까?

■ ~に行くには何番バスに乗ればいいですか。
　니 이꾸니와 남밤바스니 노레바 이-데스까
　~에 가려면 몇 번 버스를 타면 됩니까?

■ ~番バスに乗ってください。
　밤바스니 놋떼 구다사이
　~번 버스를 타세요.

▶ 단어풀이
この
이
バス
버스
~駅(えき)
역
~まで
~까지
行(い)く
가다
何番(なんばん)バス
몇 번 버스

054 좀 서둘러 주시겠습니까?
ちょっと急(いそ)いでいただけますか。

POINT 학습

♥ ちょっと가 '좀, 잠시'라는 뜻이지?
♥ 응, 예를 들어 볼까?
• ちょっと忙(いそ)いでいただけますか。
  좀 서둘러 주시겠습니까?
• ちょっとお待(ま)ちください。
  잠시 기다려 주십시오.
ちょっとした의 경우 '평범한, 반면에, 괜찮은'의 뜻으로도 쓰여.

~분 정도일 겁니다.　　~分ぐらいでしょう。
　　　　　　　　　　　훙구라이데쇼-

좀 서둘러 주시겠습니까?　ちょっと急(いそ)いでいただけますか。
　　　　　　　　　　　　촛또 이소이데이따다께마스까

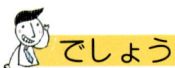 でしょう

추측, 확인, 상대방의 동의를 구할 때 쓰이며 여기서는 추측의 의미로 쓰이고 있습니다.

● どのくらいかかりますか。　　얼마나 걸립니까?
● 5分(ふん)ぐらいでしょう。　　5분 정도일 겁니다.

 손가락 문법

● ~てもらう。 ~해 받는다.
　先生(せんせい)に教(おし)えてもらいました。
　센세- 니 오시에떼모라이마시따
　선생님께서 가르쳐 주었습니다. (선생님께 가르쳐 달라고 했습니다.)

하루에 두 마디씩 배워요!!

A ここから遠いですか。
코꼬까라 토-이데스까

B いいえ、5分ぐらいでしょう。
이-에　고홍구라이데쇼-

A ちょっと急いでいただけますか。
촛또 이소이데이따다께마스까

B はい、わかりました。
하이 와까리마시따

해석

A 여기서 멉니까?
B 아니오 5분 정도일 겁니다.
A 좀 서둘러 주시겠습니까?
B 예, 알겠습니다.

 한 발자국 더

■ ここから遠いですか。
코꼬까라 토-이데스까
여기서 멉니까?

■ どのくらいかかりますか。
도노구라이 카까리마스까
얼마나 걸립니까?

■ ちょっと急いでいただけますか。
촛또 이소이데이따다께마스까
좀 서둘러 주시겠습니까?

■ 急いでください。
이소이데구다사이
서둘러 주십시오.

▶ 단어풀이

ここから
여기서
遠(とお)い
멀다
分(ふん)
분
ぐらい
정도, 쯤
~でしょう
~일 겁니다
ちょっと
좀, 잠시
いそぐ
서두르다
かかる
걸리다
急(いそ)ぐ
서두르다

055

1번선에서 갈아타십시오.
1番線でお乗り換えください。
ばん せん　　　の　　　か

POINT 학습

어디서 갈아타면 되는지 가르쳐 주시겠습니까?
どこで乗り換えたらいいか教えてくださいますか。
도꼬데 노리까에따라 이-까 오시에떼 구다사이마스까

~에서 갈아타십시오.
~でお乗り換えください。
데 오노리까에구다사이

▼갈아타는 거 좀더 연습해 보자.
▼뭘, 그냥 갈아타면 되지.
▼그래도 돌발상황이 생길 수도 있잖아.
- こっちであっていますか。
  여기가 맞습니까?
- いいえ、乗(の)り越(こ)しです。
  아니오, 지나쳤습니다.
- ~まで行(い)きます。
  それから ~ に乗り換(か)えます。
  ~까지 가세요. 그리고 나서 ~로 갈아타세요.

 ~には

동사의 기본형에 접속하며, 동작·작용의 목적을 나타냅니다.
뜻은 '~(하기)에는, ~하려면' 의 정도로 파악.

● ここに行(い)くにはどこで乗(の)り換(か)えますか。
  여기에 가기 위해서는 어디서 갈아탑니까?
● これを勉強(べんきょう)するにはどうすればいいですか。
  이것을 공부하려면 어떻게 하면 됩니까?

손가락 문법

● ~てくれる ~해 준다

本(ほん)を買(か)ってくれる。 책을 사주다.
홍오 캇테구레루

하루에 두 마디씩 배워요!!

A　すみません。ここに行くにはどこで乗り換
　　스미마셍　　　　　코꼬니 이꾸니와 도코데 노리까

　　えたらいいか教えてくださいますか。
　　에따라 이-까 오시에떼구다사이마스까

B　1番線でお乗り換えください。
　　이찌반센데 오노리까에구다사이

A　どうもありがとうございます。
　　도-모 아리가또- 고자이마스

해석
A　실례합니다.
　　이곳에 가려면 어디서 갈아타면 되는지 가르쳐 주시겠습니까?
B　1번 선에서 갈아타십시오.
A　정말 감사합니다.

한 발자국 더

■ どこで乗り換えますか。
　도꼬데 노리까에마스까
　어디서 갈아탑니까?

■ どこで乗り換えたらいいか教えてくださいますか。
　도꼬데 노리까에따라 이-까 오시에떼 구다사이마스까
　어디서 갈아타면 좋을지 가르쳐 주십시오.

■ ~方面は何番線ですか。
　호-멘와 남반센데스까
　~방면은 몇 번 선입니까?

■ ~でお乗り換えください。
　데 오노리까에구다사이
　~에서 갈아타십시오.

> **TIP**
> ~을(를) 타다
> 본문에서는 표현이 나오지 않지만 「타다」라는 동사 앞에는 목적격 조사 「を」가 아닌 「に」가 옵니다.
> ・~に乗(の)る
> 　~을 타다
> ・バスに乗(の)って行きます。
> 　버스를 타고 갑니다.

▶ 단어풀이
どこで
어디서
乗(の)り換(か)える
갈아타다
~か
~(할)지
教(おし)える
가르치다
~番線(~ばんせん)
~번 선
~方面(~ほうめん)
~방면

056

가고 싶습니다만, 약속이 있어서요.
行(い)きたいんですが、約束(やくそく)がありますので。

- ♥일본인들이 초대한다는 말을 곧이곧대로 받아들여서는 안돼.
- ♥왜?
- ♥그냥 인사치례인 경우도 있거든.
- ♥치, 뭐가 그래.
- ♥남에게 폐를 끼쳐서는 안된다는 것, 또 자신의 속내를 겉으로 드러내는데 익숙치 않은 이들에겐 쉬운 일이 아닐 거야.
- ♥그래두 사람 사는 게 그렇지 뭐.
- ♥아주 없다는 건 아니고 그렇게 개방적이지는 못하다는 거야.

POINT 학습

괜찮으시면 오시지 않겠습니까?

よかったらいらっしゃいませんか。
요깟따라 이랏샤이마셍까

가고 싶습니다만, 약속이 있어서요.

行(い)きたいんですが、約束(やくそく)がありますので。
이끼따인데스가 약소꾸가 아리마스노데

 たら

'~하면'의 의미로, 뒤에 주로 권유·허가·명령 등의 말하는 이의 주관적인 의지를 띤 말이 옵니다.

- よかったらいらっしゃいませんか。
  괜찮으시면 오시지 않겠습니까?
- 時間(じかん)があったらぜひ来(き)てください。
  시간이 있으면 꼭 오세요.
- 授業(じゅぎょう)が終(お)わったら、すぐ来(き)てください。
  수업이 끝나면 꼭 오세요.

손가락 문법

- ~くせに ~인 주제에

  分(わ)からないくせに知(し)ったふりをする。
  와까라나이꾸세니 싯따후리오스루
  알지도 못하는 주제에 아는 체하다.

하루에 두 마디씩 배워요!!

A 明日、うちでパーティーをするんですが、
  아스　　うちで 파ー티ー오 스 룬데스가

  よかったらいらっしゃいませんか。
  요깟따라　이랏샤이마셍까

B 行きたいんですが、約束がありますので。
  이끼따인데스가　　　　약소꾸가 아리마스노데

해석

A 내일 집에서 파티를 하는데요.
  괜찮으시면 오시지 않겠습니까?
B 가고 싶습니다만, 약속이 있어서요.

■ うちでパーティーをするんですが、よかったら
  우찌데 파ー티ー오스룬데스가　　　　　　요깟따라

  いらっしゃいませんか。
  이랏샤이마셍까
  집에서 파티를 하는데요, 오시지 않겠습니까?

■ 行きたいんですが、約束がありますので。
  이끼따인데스가　　　　약소꾸가 아리마스노데
  가고 싶습니다만 약속이 있어서요.

■ ちょっと都合が悪いんです。
  촛또 츠고ー가 와루인데스
  좀 사정이 안좋아서요.

■ 残念ですが、別の用事があります。
  잔넨데스가 베쯔노 요ー지가 아리마스
  유감입니다만, 다른 볼 일이 있습니다.

▶ 단어풀이

明日(あす)
내일
うち
집
~で
~에서
パーティー
파티
約束(やくそく)
약속
都合(つごう)
사정, 형편
残念(ざんねん)だ
유감이다
用事(ようじ)
볼 일

057

기다리고 있었습니다.
お待ちしていました。
　　ま

POINT 학습

기다리고 있었습니다.	お待ちしていました。 오마찌시떼이마시따
이쪽으로 오십시오.	どうぞこちらへ。 도-조 고찌라에

♥ 초대도 안한다며 방문은 뭐하러 배워?
♥ 얘가 얘가… 도대체 널 데리고 뭔 소리를 못해. 빈번하지는 않아도 방문하는 게 얼마나 조심스러운데.
♥ 그래?
♥ 갈 때도 작은 정성이나마 성의껏 선물을 준비해가고, 신발 벗을 때부터 예의범절의 총 진수를 보여줄걸.
♥ 꽤 신경 쓰이겠네. 상다리가 부러져라 차리나?
♥ 그보다는 상대방을 최대한 배려하려는 마음가짐이 더 중요하다고 봐.

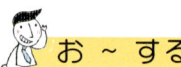 お ~ する

앞에서 한 적이 있습니다. 몇 문장 다시 연습 좀 하고 지나가지요.

- お待(ま)ちしていました。　　기다리고 있었습니다.
- お手伝(てつだ)いします。　　도와드리겠습니다.
- お知(し)らせします。　　　　알려드리겠습니다.

손가락 문법

- **~とはいえ** ~라고는 하지만

　いいとはいえ、高(たか)い。　　좋다고는 하지만 비싸다.
　이-또와이에　　　타까이

하루에 두 마디씩 배워요!!

A いらっしゃいませ。お待ちしていました。
　　이랏샤이마세　　　오마찌시떼이마시따

B では、失礼します。
　데와　시쯔레-시마스

A どうぞこちらへ。
　도-조 고찌라에

해석
A 어서 오십시오. 기다리고 있었습니다.
B 그럼, 실례하겠습니다.
A 이쪽으로 오십시오.

한 발자국 더

■ よくいらっしゃいました。
　요꾸 이랏샤이마시따
　잘 오셨습니다.

■ お待ちしていました。
　오마찌시떼이마시따
　기다리고 있었습니다.

■ どうぞこちらへ。
　도-조 고찌라에
　이쪽으로 오십시오.

■ どうぞお入りください。
　도-조 오하이리구다사이
　어서 들어오십시오.

■ どうぞお上がりください。
　도-조 오아가리구다사이
　어서 들어오십시오.

♣TIP
일본인들과 우리는 성격이나 기질이 많이 다릅니다. 예의가 없다거나 남에게 폐를 끼치는 것을 극도로 꺼리고 어려서부터 그렇게 교육을 받고 자랍니다. 그렇다고 우리가 그렇지 못하다는 뜻이 아니라 우리는 어느정도 이웃과도 친하면 더욱 상관하고, 그 사람을 마치 내 가족처럼 편하게 생각하는 데 빈해 일본인들은 나의 이 행동이 행여나 그 사람에게 해가 되지는 않을까 항상 고려하고 행동합니다. 약간은 서로간에 거리가 있는 것이지요. 상대방의 그러한 마음을 이해하고 여러분도 최대한 조심스레 대해 보세요.

▶ **단어풀이**

いらっしゃいませ
어서 오십시오
待(ま)つ
기다리다
こちらへ
이쪽으로

058

몇 분이십니까?
何名様でしょうか。
なんめいさま

♥언니, 일본인들은 더치페이가 그렇게 칼같다며?

♥너 말 좀 곱게 써라. 한국말을 멋지게 구사할 줄 알아야 외국어도 잘하는 법이야. 무슨 얘길 했었지. 아, 더치페이! 일본에서는 이걸 わりかん이라고 하는데 각자부담 정도의 의미가 될까?

POINT 학습

몇 분이십니까?	何名様ですか。 なんめいさま 남메－사마데스까
한 명, 두 명	一人　二人 히또리　후따리

 주문 좀 해볼까요?

● ご注文(ちゅうもん)なさいますか。
　주문하시겠습니까?

● メニューをお願(ねが)いします。
　메뉴를 부탁합니다.

● ~をください。
　~을 주십시오.

● 今日(きょう)のおすすめ料理(りょうり)は何(なん)ですか。
　오늘의 추천요리는 무엇입니까?

손가락 문법

●동사 ます형+てちょうだい　~해 줘.

　早(はや)くしてちょうだい。　빨리 해 줘.
　하야꾸시떼쪼－다이

하루에 두 마디씩 배워요!!

A いらっしゃいませ。何名様でしょうか。
이랏샤이마세   남메-사마데쇼-까

B 二人です。
후따리데스

A こちらへどうぞ。
코찌라에 도-조

A 어서 오십시오. 몇 분이십니까?
B 두 명입니다.
A 이쪽으로 오십시오.

한 발자국 더

■ 何名様でしょうか。
남메-사마데쇼-까
몇 분이십니까?

■ ご予約ですか。
고요야꾸데스까
예약하셨습니까?

■ 席は空いていますか。
세끼와 아이떼이마스까
빈 자리 있습니까?

■ 予約しております。
요야꾸시테오리마스
예약해 놓았습니다.

■ 三人です。
산닌데스
세 명입니다.

▶ 단어풀이

何名様(なんめいさま)
몇 분
二人(ふたり)
두 명

147

059 뭐가 들어 있습니까?
何が入っていましたか。
なに　はい

▼도난 분실에 관한 몇 가지 표현
- 盗(ぬす)まれる
  도난 당하다
- すられる
  소매치기 당하다
- なくす
  잃어버리다
- なくなる
  없어지다
- 届(とど)ける
  신고하다

POINT 학습

뭐가 들어 있었습니까?

~ 과 ~

何が入っていましたか。
なに　はい
나니가 하잇떼이마시따까

~と~
또

 何か・何が

何か와 何が의 차이점에 관해 공부해 볼까요?
조사 한 글자로 인한 의미전달의 차이가 무지 큽니다.

- 何か : 있는 것이 무엇인지, 그 자체를 묻고 있는 경우입니다.
- 何が : 무엇이 있는지, 없는지 그 유무를 묻는 경우입니다.

  - 何がありますか。
    무엇이 있습니까? (무엇이 있는지 대답해야 합니다)
  - 何かありますか。
    뭔가 있습니까? (있는지, 없는지의 여부를 답변하면 됩니다)

손가락 문법

● ~とか ~とか ~라든지 ~라든지

大(おお)きいとか少(ちい)さいとか。　　크든지 작든지
오-끼-또까치-사이또까

🌼 하루에 두 마디씩 배워요!!

A 中^{なか}に何^{なに}が入^{はい}っていましたか。
　나까니 나니가 하잇떼이마시따까

B 現金^{げんきん}とパスポートが入^{はい}っています。
　겡낀또 파스포-토가 하잇떼이마스

A まず、盗難証明書^{とうなんしょうめいしょ}を書^かいてあげます。
　마즈 토-난쇼-메-쇼오 카이떼 아게마스

해석
A 안에 뭐가 들어 있습니까?
B 현금과 여권이 들어 있습니다.
A 우선 도난증명서를 써 드리겠습니다.

한 발자국 더

■ 中^{なか}に何^{なに}が入^{はい}っていましたか。
나까니 나니가 하잇떼이마시따까
안에 뭐가 들어있습니까?

■ 現金^{げんきん}とパスポートが入^{はい}っています。
겡낀또 파스포-토가 하잇떼이마스
현금과 여권이 들어있습니다.

■ クレジットカードが入^{はい}っています。
쿠레짓토카-도가 하잇떼이마스
신용카드가 들어있습니다.

■ いつどこで盗^{ぬす}まれましたか。
이쯔 도꼬데 누스마레마시따까
언제 어디서 도난 당했습니까?

■ 午前^{ごぜん}10時^{じゅうじ}ぐらいにバスの中^{なか}だと思^{おも}います。
고젱 쥬-지구라이니 바스노 나까다또 오모이마스
오전 10시쯤 버스 안에서인 것 같습니다.

▶ 단어풀이
中(なか) 안
入(はい)る 들다
現金(げんきん) 현금
パスポート 여권
クレジットカード 신용카드
盗(ぬす)まれる 도난 당하다
バス 버스

♣ TIP
해외에서 도난을 당한 만큼 난감한 일도 없습니다. 현금도 현금이지만 여권은 더욱 그러하겠죠. 현금은 항상 나누어 소지하고 여권은 만약을 대비해 사진을 따로 준비해 가도록 합니다. 그리고 무엇보다 조심 또 조심하는 것이 최우선입니다.

060

재발행을 받으십시오.
さいはっこう
再発行をもらってください。

POINT 학습

재발행을 받으십시오.
さいはっこう
再発行をもらってください。
사이핫꼬-오 모랏떼구다사이

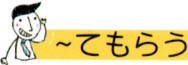 ~てもらう

もらう의 뜻은 '(~을) 받다. 얻다' 입니다. 그런 것이 앞에 ~て형태와 연결되면 누군가에 의해 이익을 얻게 되는, '~누구에게서 ~해 받다' 의 의미로 쓰이게 됩니다.

● 母(はは)に 教(おし)えてもらいました。   어머니가 가르쳐 주었습니다.

'~해 받다' 라도 해석은 '누가 ~해 주다' 로 해주는 것이 보다 자연스럽겠죠!!

손가락 문법

● ~なり ~하자마자

教室にはいるなり   교실에 들어오자마자
쿄-시쯔니 하이루나리

♥ 요즘 사람들 정말 큰일이다.
♥ 왜?
♥ 새 물건 살 줄만 알았지 잃어버린 건 찾을 생각도 안한다니까. 도무지 애 어른이 다 똑같애.
♥ 그래도 언니! 지우개 하나 잃어버렸다고 애 잡을 땐 좀 너무 하다 싶더라.
♥ 나두 교육상 가르쳐야 한다고 생각은 하지만 지 또래 친구들은 안 그렇게 보이니 명분이 안 서는게 사실이야.
♥ 우째 점점 세상이 이래 돼가노.

하루에 두 마디씩 배워요!!

A 盗難証明書を持って韓国大使館に行って
  토-난쇼-메-쇼오 못떼 캉꼬꾸다이시깐니 잇떼

　再発行してもらってください。
  사이학꼬- 시떼 모랏떼구다사이

B ありがとうございます。
  아리가또- 고자이마스

해석

A 도난증명서를 가지고 한국대사관에 가서 재발행 받으십시오.
B 감사합니다.

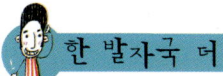

한 발자국 더

■遺失物係はどこですか。
　이시쯔부쯔가까리와 도꼬데스까
　유실물계는 어디입니까?

■すぐに探していただけますか。
　스구니 사가시떼이따다께마스까
　곧바로 찾아봐 주시겠습니까?

■再発行はどこで申請するのですか。
　사이핫꼬-와 도꼬데 신세-스루노데스까
　재발행은 어디서 신청합니까?

■もどって来たら連絡します。
　모돗떼 키따라 렌라꾸시마스
　찾게 되면 연락드리겠습니다.

■~に届けみばいいですか。
　~니 토도께미바이-데스까
　~에 신고하면 됩니까?

▶ 단어풀이

盗難証明書
(とうなんしょうめいしょ)
도난증명서
韓国大使館
(かんこくたいしかん)
한국대사관
再発行(さいはっこう)
재발행
遺失物係
(いしつぶつがかり)
유실물계
探(さが)す
찾다

■■■ 날씨표현

雨	아메	비	嵐	아라시	폭풍
雪	유끼	눈	雪崩	나다레	눈사태
雲	쿠모	구름	梅雨	츠유	장마
風	카제	바람	日照り	히데리	가뭄
霜	시모	서리	洪水	코-즈이	홍수
霧	키리	안개	水害	스이가이	수해
露	츠유	이슬	晴れ	하레	맑게 갬
虹	니지	무지개	曇り	쿠모리	흐림
みぞれ	미조레	진눈깨비	降る	후루	눈,비가 내리다
雹	효-	우박	天気	텡끼	날씨
霰	아라레	싸락눈	日	히	해
つらら	츠라라	고드름	空	소라	하늘
いなづま	이나즈마	번개	月	츠끼	달
雷	카미나리	천둥	星	호시	별
台風	타이후-	태풍	湿度	시쯔도	습도

雨が降る	아메가 후루	비가 내리다
風が吹く	카제가 후꾸	바람이 불다
雲が出る	쿠모가 데루	구름이 끼다
霧がかかる	키리가 카까루	안개가 끼다
雷が鳴る	카미나리가 나루	천둥이 치다
つゆにはいる	츠유니 하이루	장마가 시작되다
つゆが明ける	츠유가 아께루	장마가 개다
霜が降りる	시모가 오리루	서리가 내리다
雨になる	아메니 나루	비가 오다
暖かくなる	아따따까꾸나루	더워지다
日が長くなる	히가 나가꾸나루	해가 길어지다
雨が上がる	아메가 아가루	비가 개다
日が出る	히가 데루	해가 뜨다
日がしずむ	히가 시즈무	해가 지다
かさを差す	카사오 사스	우산을 쓰다

사자성어

- 意気軒昂 いきけんこう 이끼껜꼬— 의기가 충천해 있는 모습
- 音吐朗朗 おんとろうろう 온또로—로— 음량이 풍부해 구석구석까지 미침
- 一石二鳥 いっせきにちょう 잇세끼니쬬— 하나로 두 개의 이익을 얻음
- 起死回生 きしかいせい 키시카이세— 죽을 것 같은 사람을 살려줌

061

관광입니다.
観光です。
かん こう

♥언니, 담당관이 또 무얼 물어볼까?
♥ ・職業(しょくぎょう)は何(なん)ですか。
직업은 무엇입니까?
・どこにお泊(と)まりの予定(よてい)ですか。
어디에 묵으실 예정입니까?

POINT 학습

입국목적은 ~입니다.   入国目的は ～です。
にゅうこくもくてき
뉴-꼬꾸모꾸떼끼와   데스

~머무를 예정입니다.   ~滞在する予定です。
たいざい   よてい
타이자이스루요떼-데스

 날짜 점검

● 앞에서 다루었었지요. 한 번 해볼까요?
- 1日(ついたち)   ・2日(ふつか)   ・3日(みっか)   ・4日(よっか)
- 5日(いつか)   ・6日(むいか)   ・7日(なのか)   ・8日(ようか)
- 9日(ここのか)   ・10日(とおか)
- 1週間(いっしゅうかん) 일주일   ・1か月(いっかげつ) 한 달

손가락 문법

● **~がほしい**   ~을(를) 원하다.

カメラがほしいです。   카메라를 갖고 싶습니다
카메라가 호시-데스

하루에 두 마디씩 배워요!!

A 入国目的は何ですか。
뉴-꼬꾸모꾸떼끼와 난데스까

B 観光です。
캉꼬-데스

A 何日間滞在する予定ですか。
난니찌깐 타이자이스루 요떼-데스까

B 1週間です。
잇슈-깐데스

✿ TIP
옛날에 점심에 무엇을 먹었냐고 선생님께서 물어보실 때 대답이 번거로와질 것 같아서 간단히 도시락이라고 대답했던 기억이 나네요. 무조건 아는 밑천으로라도 말해보는 습관을 가지세요.

- ~に 泊(と)まりますか。
  ~에 묵습니까?
- ホテルに 泊(と)まります。
  호텔에 묵습니다.

해석
A 입국목적은 무엇입니까?
B 관광입니다.
A 며칠간 머무를 예정입니까?
B 1주일입니다.

한 발자국 더

■ 入国目的は何ですか。
뉴-꼬꾸모꾸떼끼와 난데스까
입국목적은 무엇입니까?

■ 留学です。
류-가꾸데스
유학입니다.

■ ビジネスです。
비지네스데스
비즈니스입니다.

■ どのくらい滞在なさいますか。
도노구라이 타이자이나사이마스까
얼마 정도 머무를 겁니까?

■ ~間です。
깐데스
~간(정도) 입니다.

▶ 단어풀이

入国目的
(にゅうこくもくてき)
입국목적

観光(かんこう)
관광

滞在(たいざい)
체재, 머무름

予定(よてい)
예정

1週間(いっしゅうかん)
1주일

ビジネス
비즈니스

留学(りゅうがく)
유학

062

1박에 얼마입니까?
1泊いくらですか。
ぱく

♥1박 2일이 いっぱくふつか?
♥응, 좀 같이 해볼까?
- 2泊 3日 (にはくみっか)
- 3泊 4日 (さんぱくよっか)
- 4泊 5日 (よんぱくいつか)

POINT 학습

1박에 얼마입니까?　　1泊いくらですか。
　　　　　　　　　　잇빠꾸이꾸라데스까

~엔입니다.　　　　　~円です。
　　　　　　　　　　엔데스

 ~박

- 1泊 (いっぱく)　　・2泊 (にはく)　　・3泊 (さんぱく)　　・4泊 (よんはく)
- 5泊 (ごはく)　　　・6泊 (ろっぱく)　・7泊 (ななはく)　　・8泊 (はっぱく)
- 9泊 (きゅうはく)　・10泊 (じゅっぱく)

*1泊 2日 (いっぱくふつか)

손가락 문법

● 동사 ます형 + てほしい　　~해 주었으면 한다.

　教(おし)えてほしいです。　　가르쳐 주었으면 합니다.
　오시에떼 호시-데스

하루에 두 마디씩 배워요!!

A お部屋ありますか。
오헤야 아리마스까

B はい、あります。
하이　　아리마스

A 1泊いくらですか。
잇빠꾸 이꾸라데스까

B 7000円です。
나나셍엔데스

해석
A 빈 방 있습니까?
B 예, 있습니다.
A 1박에 얼마입니까?
B 7000엔입니다.

한 발자국 더

■ お部屋ありますか。
오헤야 아리마스까
빈 방 있습니까?

■ はい、あります。
하이　　아리마스
예, 있습니다.

■ いいえ、いっぱいです。
이-에　　잇빠이데스
아니오, 예약으로 가득 찼습니다.

■ 1泊いくらですか。
잇빠꾸 이꾸라데스까
1박에 얼마입니까?

■ 1日いくらですか。
이찌니찌 이꾸라데스까
하루에 얼마입니까?

▶ 단어풀이

1泊(いっぱく)
1박
いっぱい
가득 참
1日(いちにち)
하루

063 아침 6시에 깨워주십시오.
朝6時(あさじ)に起(お)こしてください。

POINT 학습

~을 부탁하고 싶은데요.　　~をお願(ねが)いしたいんですが。
　　　　　　　　　　　　　오 오네가이시따인데스까

~시에 깨워주십시오.　　　~時(じ)に起(お)こしてください。
　　　　　　　　　　　　　지니 오꼬시떼구다사이

♥호텔에서 쓰는 말이 뭐가 있을까?
♥아주 많지.
・荷物(にもつ)を部屋(へや)まで運(はこ)んでいただけますか。
　짐을 방까지 가져다 주시겠습니까?
・貴重品(きちょうひん)を預(あず)けたいんですが。
　귀중품을 맡기고 싶은데요.
・鍵(かぎ)はフロントに預(あず)けてください。
　열쇠는 프런트에 맡겨 주십시오.
이건 아닌가? 다시―
・部屋(へや)が気(き)に入(い)りません。
　방이 마음에 안듭니다.
・号室(ごうしつ)の鍵(かぎ)をください。
　~호실 열쇠를 주십시오.
・この宿泊(しゅくはく)カードにご記入(きにゅう)ください。
　이 숙박카드에 기록해 주십시오.

~でございます
「である(~이다)」의 공손한 말투로서 지정의 뜻을 나타내는 어체입니다.

● ルームサービスでございます。　룸서비스 입니다.

손가락 문법

● 용언 종지형, 명사+かもしれない　~(할)지도 모른다.

あしたは雨(あめ)かもしれない。
아시따와 아메까모시레나이
내일은 비가 올지도 모른다.

하루에 두 마디씩 배워요!!

A ルームサービスでございます。
루-무사-비스데고자이마스

B モーニングコールをお願いしたいんですが。
모-닝구코-루오 오네가이시따인데스가

A 何時がよろしいでしょうか。
난지가 요로시-데쇼-까

B 朝6時に起こしてください。
아사로꾸지니오꼬시떼구다사이

> **TIP**
> 호텔에 뭐 찾을 만한 것이 있을까? 음…
> • タオル 타월
> • せっけん 비누
> • シャンプ 샴푸
> • 歯ブラシ 칫솔
> 정도!?

해석

A 룸서비스입니다.
B 모닝콜을 부탁하고 싶은데요.
A 몇 시가 좋겠습니까?
B 아침 6시에 깨워주십시오.

한 발자국 더

■ モーニングコールをお願いしたいんですが。
모-닝구코-루오 오네가이시따인데스가
모닝콜을 부탁하고 싶은데요.

■ クリーニングをお願いします。
쿠리-닝구오 오네가이시마스
세탁을 부탁합니다.

■ 朝6時に起こしてください。
아사로꾸지니 오꼬시떼구다사이
아침 6시에 깨워주십시오.

■ 起こさないでください。
오꼬사나이데구다사이
깨우지 말아주십시오.

▶ **단어풀이**

ルームサービス
룸서비스
モーニングコール
모닝콜
起(お)こす
깨우다
クリーニング
세탁

064

수박을 가장 좋아합니다.
すいかがいちばんすきです。

POINT 학습

제일 좋아하는~	いちばんすきな~
	이찌방스끼나
~을(를) 가장 좋아합니다.	~がいちばんすきです。
	가 이찌방 스끼데스

♥기호품에는 뭐가 있을까?
♥음식, 스포츠, 음악, 미술 등 생활 속에 있는 것 전부 다지.
♥하긴 무슨 물건이든 개인마다 기호가 생기게 마련이니까.

 명사 형용사의 명사수식

명사 형용사, だ로 끝나는 것이 특징이라고 했죠. 명사형용사가 명사를 수식할 때는 だ가 な로 바뀐답니다. 명사는 어땠죠?
아하 の라구요? 다 아시는 걸로 믿겠습니다.

- すきだ 좋아하다
- きれいだ 예쁘다
- すきなくだもの 좋아하는 과일
- きれいな花(はは) 예쁜 꽃

손가락 문법

● 동사 ます형+たなり   ~한 채로

行(い)ったなり帰(かえ)らない。   간 채로 돌아오지 않다.
잇따나리 카에라나이

하루에 두 마디씩 배워요!!

A いちばんすきなくだものはなんですか。
  이찌방 스끼나 쿠다모노와 난데스까

B すいかがいちばんすきです。
  스이까가 이찌방 스끼데스

A すいかならわたしもとてもすきです。
  스이까나라 와따시모 토떼모 스끼데스

해석
A 제일 좋아하는 과일은 무엇입니까?
B 수박을 가장 좋아합니다.
A 수박이라면 저도 매우 좋아합니다.

 한 발자국 더

■ いちばんすきなくだものはなんですか。
  이찌방 스끼나 쿠다모노와 난데스까
  제일 좋아하는 과일은 무엇입니까?

■ なんのスポーツが 好(す)きですか。
  난노 스포-츠카 스끼데스까
  무슨 스포츠를 좋아합니까?

■ 趣味(しゅみ)はお持(も)ちですか。
  슈미와 오모찌데스까
  취미는 있으세요?

■ ~がいちばんすきです。
  가 이찌방 스끼데스
  ~를 제일 좋아합니다.

■ これといった趣味(しゅみ)はありません。
  코레또 잇따 슈미와 아리마셍
  이것이라고 할만한 취미가 없습니다.

▶ 단어풀이

いちばん
가장, 제일
すきだ
좋아하다
くだもの
과일
すいか
수박
スポーツ
스포츠
趣味(しゅみ)
취미

065

돈을 찾고 싶은데요.
お金(かね)を引(ひ)き出(だ)したいんですが。

POINT 학습

▼ 은행에서 자주 쓰이는 단어에는 어떤 것이 있을까?
▼ ・預金(よきん) 예금
・引(ひ)き出(だ)し 인출
・振(ふ)り込(こ)み 불입
・送金(そうきん) 송금
・解約(かいやく) 해약
・残高(ざんだか) 잔고

돈을 찾고 싶은데요.   お金(かね)を引(ひ)き出(だ)したいんですが。
                     오까네오 히끼다시따인데스가

이 용지에 ~을 부탁합니다.   この用紙(ようし)に ~ をお願(ねが)いします。
                          코노 요-시니   오 오네가이시마스

 では

では는 「~ではない(~은(~는) 이 아니다)」가 아닙니다. 「それでは (그러면)」의 준말로 회화체에서는 흔히 「じゃ」로 쓰이지요.

● では、何(なん)ですか。 그럼, 무엇입니까?

 손가락 문법

● ~ほど   ~만큼

十日(とおか)ほど前(まえ)   열흘쯤 전
토-까 호 도 마에

하루에 두 마디씩 배워요!!

A お金を引き出したいんですが。
오카네오 히끼다시따인데스가

B そうですか。
소 데스까

では、この用紙に取引番号と金額をお願いします。
데와 코노요-시니 토리히끼방고-또 킹가꾸오 오네가이시마스

A 申し込み用紙をください。
모-시꼬미요-시오 구다사이

♣ TIP
아! 은행에 왔는데 제일 중요한 걸 잊어버렸네요. 비밀번호는 일본어로 뭐라고 할까요?
· 暗証番号(あんしょうばんごつ)
  비밀번호

해석

A 돈을 찾고 싶은데요.
B 그렇습니까?
  그럼, 이 용지에 거래번호와 금액을 부탁합니다.
A 신청용지를 주십시오.

한 발자국 더

■ ~を引き出したいんですが。
오 히끼다시따인데스가
~을 찾고 싶은데요.

■ 新しく口座を作りたいんですが。
아따라시꾸 코-자오츠꾸리따인데스가
새로 계좌를 열고 싶은데요.

■ 解約したいんですが。
카이야꾸시따인데스가
해약하고 싶은데요.

■ 残高を知りたいんです。
잔다까오 시리따인데스
잔고를 알고 싶습니다.

▶ **단어풀이**

お金(かね)
돈
引(ひ)き出(だ)す
인출하다
用紙(ようし)
용지
取引番号
(とりひきばんごう)
거래번호
金額(きんがく)
금액
解約(かいやく)
해약
残高(ざんだか)
잔고

066

전부 500엔입니다.
全部(ぜんぶ)で500円(えん)です。

POINT 학습

우표 ~장 주세요.   切手(きって)を ~ 枚(まい)ください。
                킷떼오   마이 구다사이

전부 ~엔입니다.   全部(ぜんぶ)で ~ 円(えん)です。
                젬부데   엔데스

♥우체국이 뭐야?
♥郵便局(ゆうびんきょく)
♥우표는?
♥切手(きって)
♥봉투, 편지지, 엽서는?
♥封筒(ふうとう), 便箋(びんせん), 葉書(はがき)
 혹시 그림엽서가 뭔지 아니?
♥아니.
♥絵(え)はがき, 絵(え)가 그림 이거든.

 全部で

で가 사정이나 상태를 나타내는 격조사로 쓰이고 있는데 그 뜻은 '~에, ~로, ~으로서'의 의미를 갖습니다.

● 全部(ぜんぶ)でいくらですか。   전부 얼마입니까?
● 三(みっ)つで500円(えん)です。   세 개에 500엔입니다.

손가락 문법

● ~たほうがいい   ~한 편이 좋다.

早(はや)く見(み)たほうがいい。   빨리 보는 것이 좋다.
하야꾸 미따호-가 이-

🔸 하루에 두 마디씩 배워요!!

A すみません。100円切手を5枚ください。
스미마셍 햐꾸엔킷떼오 고마이 구다사이

B 全部で500円です。
젬부데 고하쿠엔데스

A はい、どうぞ。
하이 도-조

B 1000円もらいました。
1000엥 모라이마시따

🔹 해석

A 실례합니다. 100엔짜리 우표 5장 주세요.
B 전부 500엔입니다.
A 예, 여기 있습니다.
B 1000엔 받았습니다.

🔹 한 발자국 더

■ 切手はどこで買うのですか。
킷떼와 도꼬데 카우노데스까
우표는 어디서 삽니까?

■ ~円切手を ~枚ください。
엔킷떼오 마이 구다사이
~엔짜리 우표 ~장 주세요.

■ はがき ~枚ください。
하가끼 마이구다사이
엽서 ~장 주세요.

■ 全部で ~円です。
젬부데 엔데스
전부 ~입니다.

▶ **단어풀이**

切手(きって)
우표

枚(まい)
~장
(얇고 평평한 것을 세는 조수사)

全部(ぜんぶ)で
전부

はがき
엽서

067

공교롭게 자리를 비웠습니다.
あいにく席(せき)を外(はず)しております。

♥전화를 받을 수 없는 사유에는 어떤 것들이 있을까?
- 休暇中(きゅうかちゅう)
  휴가중
- 出張中(しゅっちょうちゅう)
  출장중
- 来客中(らいきゃくちゅう)
  접객중
- ~に出(で)ております。
  ~에 가 계십니다.

POINT 학습

자리를 비웠습니다.	席(せき)を外(はず)しております。 세끼오 하즈시떼오리마스
나중에 다시 걸겠습니다.	また後(あと)でおかけします。 마따 아또데 오까께시마스

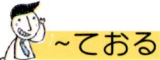 ~ておる

「~ておる(~고 있다, ~어 있다)」의 겸양스런 말로 おる는 いる의 겸양어가 됩니다.

- 出(で)かけております。　　출타중입니다.
- 元気(げんき)でおります。　　잘 있습니다.

손가락 문법

- 동사 종지형+ところ　막 ~한 참

今帰(いまかえ)って来(き)たところだ。　지금 막 돌아온 참이다.
이마 가엣떼 기따도꼬로다

하루에 두 마디씩 배워요!!

A 金と申しますが、スミスさんをお願いします。
   또모ー시마스가   스미스상오 오네가이시마스

B あのう、あいにく席を外しております。
   아노ー   아이니꾸 세끼오 하즈시떼오리마스

A それでは、また後でおかけします。
   소레데와   마따아또데 오까께시마스

> **♣ TIP**
> ・留守(るす) 부재중
> 그럼 부재중 전화(자동응답기)는?
> ・留守番電話(るすばんでんわ)
> 부재중 전화

해석
A 김이라고 합니다만 스미스씨 부탁합니다.
B 저, 공교롭게 자리를 비웠습니다.
A 그럼, 나중에 다시 걸겠습니다.

한 발자국 더

■ 外出しております。
  가이슈쯔시떼오리마스
  외출중입니다.

■ ただいま留守でございます。
  다다이마 루스데고자이마스
  지금 부재중입니다.

■ 席を外しております。
  세끼오 하즈시떼오리마스
  자리를 비웠습니다.

■ 出かけております。
  데까께떼오리마스
  출타중입니다.

■ また後でおかけします。
  마따아또데 오까께시마스
  나중에 다시 걸겠습니다.

▶ **단어풀이**

あいにく
공교롭게
席(せき)を外(はず)す
자리를 뜨다, 비우다
後(あと)で
나중에
かける
걸다
外出(がいしゅつ)
외출
留守(るす)
부재중
出(で)かける
나가다

068

끊지 말고 기다려 주십시오.
切らないでお待ちください。

POINT 학습

어느 분과 말씀하시겠습니까? どなたとお話しなさいますか。
도나따또 오하나시나사이마스까

끊지 말고~ 切らないで~
키라나이데

♥국제전화는 어떻게 거는지 앞에서 배웠으니, 몇 가지 국제전화에 관한 표현을 익히고 넘어갈까?
- 国際電話(こくさいでんわ)を申(もう)し込(こ)む。
  국제전화를 신청하다
- コレクトコール(수신자부담)
- 相手払(あいてばら)い
  상대방지불
- おつなぎします。
  연결해 드리겠습니다.
- パーソナルコール
  지명통화

 지시대명사

앞에서 배운 적이 있었죠? 부정의 조동사 ない 에 で라는 격조사가 붙었습니다.

- 切(き)らないで　　　끊지 말고
- 見(み)ないで　　　　보지 말고
- 食(た)べないで　　　먹지 말고

손가락 문법

- ~ね　~군요.

  そうですね。　그렇군요.
  소-데스네

🗨️ 하루에 두 마디씩 배워요!!

A　どなたとお話しなさいますか。
　　　　　　はな
　도나따또오하나시나사이마스까

B　金珉です。
　　　　　데스

A　切らないで、お待ちください。
　　き　　　　　　　ま
　키라나이데　　　　오마찌구다사이

해석

A　어느 분과 말씀하시겠습니까?
B　김 민입니다.
A　끊지 말고 기다려 주십시오.

■ どなたとお話しなさいますか。
　　　　　　　はな
　도나따또 오하나시나사이마스까
　어느 분과 말씀하시겠습니까?

■ 切らないでお待ちください。
　き　　　　　ま
　키라나이데 오마찌구다사이
　끊지 말고 기다려 주십시오.

■ お出になりました。どうぞ。
　　で
　오데니나리마시따　　　도-조
　나오셨습니다.　　　　말씀하십시오.

■ 通話料金を教えてください。
　つうわりょうきん　おし
　츠-와료-낑오 오시에떼구다사이
　통화요금을 가르쳐 주십시오.

■ すぐにおつなぎします。
　스구니 오쯔나기시마스
　곧 연결해 드리겠습니다.

▶ 단어풀이

なさる
하시다
切(き)る
끊다
~ないで
~지 말고
出(で)る
나오다
通話料金
(つうわりょうきん)
통화요금

069

물건은 언제 받을 수 있습니까?
品物はいつ受け取れますか。
しな もの　　　　　う　と

- 注文(ちゅうもん) 주문
- 検討(けんとう) 검토
- 注文書(ちゅうもんしょ) 주문서
- 在庫(ざいこ) 재고
- 荷渡(にわた)し 인도
- 発送(はっそう) 발송
- 取(と)り消(け)し 취소

POINT 학습

언제 받을 수 있습니까?　　　いつ受け取れますか。
　　　　　　　　　　　　　　　　う　と
　　　　　　　　　　　　　　이쯔 우께또레마스까

~까지 반드시 납품할 수 있습니다.　~までにかならず納入できます。
　　　　　　　　　　　　　　　　　　　　　　　　のうにゅう
　　　　　　　　　　　　　　　　　마데니 카나라즈 노-뉴-데끼마스

 れる、られる (가능)

れる、られる의 형태에는 여러가지가 있으나 여기서는 '~할 수 있다' 가능의 뜻으로 쓰이고 있습니다. u동사는 u를 e로 바꾸고 る접속, ru동사는 ru를 없애고 られる를 접속. くる는 こられる, する는 できる를 씁니다.

- 受(う)け取(と)る 받다 → 受(う)け取(と)れる 받을 수 있다
- 見(み)る 보다　　　　→ 見(み)られる 볼 수 있다

손가락 문법

- ~まえに　　~하기 전에

　人(ひと)のまえに出(で)る。　남 앞에 나가다.
　히토노마에니데루

하루에 두 마디씩 배워요!!

A 注文した品物はいつ受け取れますか。
츄-몬시따 시나모노와 이쯔 우께또레마스까

B 2月15日までにかならず納入できます。
니가쯔쥬-고니찌마데니 카나라즈 노-뉴-데끼마스

A 納入期日をぜったいに間違えないでください。
노-뉴-기지쯔오 젯따이니 마찌가에나이데 구다사이

B はい、わかりました。
하이   와까리마시따

해석

A 주문한 물건을 언제 받을 수 있습니까?
B 2월 15일까지 반드시 납품할 수 있습니다.
A 납품기일을 절대로 틀리지 마십시오.
B 예, 알겠습니다.

한 발자국 더

■ 注文した品物はいつ受け取れますか。
츄-몬시따 시나모노와 이쯔 우께또레마스까
주문한 물건을 언제 받을 수 있습니까?

■ 品物を注文したいんですが。
시나모노오 츄-몬시따인데스가
물건을 주문하고 싶은데요.

■ ~までにかならず納入してください。
마데니 카나라즈 노-뉴-시떼구다사이
~까지 반드시 납품해 주십시오.

■ すみませんが、注文を取り消します。
스미마셍가   츄-몽오 토리께시마스
미안합니다만 주문을 취소하겠습니다.

TIP

일본인들은 비즈니스 거래에 있어 보기보다 보수적인 성향을 가지고 있습니다. 옷차림 역시 유행을 타거나 화려한 옷보다는 감색양복에 흰 와이셔츠와 같은 수수한 차림을 선호합니다. 튀는 것보다는 조화를 중시하는 그들의 국민성 때문이겠지요. 그리고 앞에서도 비슷한 얘기가 있었지만 자신의 속내를 그대로 드러내지 않는 성격 때문에 절대로 아닌 것을 딱 잘라 아니라고도 얘기하지 않습니다. 그러니까 다시 한번 생각을 해보겠다든지 검토를 해보겠다는 말은 계약이 어렵다는 말과 같습니다. 참 쉬운 일이 아닙니다.

▶ 단어풀이

注文(ちゅうもん)
주문

品物(しなもの)
물건

受(う)け取(と)る
받다

かならず
반드시, 꼭

納入(のうにゅう)
납품

取(と)り消(け)す
취소하다

070

오래 기다렸습니다.
どうもお待ちどおさま。

♥언니, 이발소랑 미용실은 뭐야?
♥이발소는 理髪店(りはつてん), 미용실은 美容院(びよういん)이라고 해.
이발소는 床屋(とこや)라고도 한단다.
♥~屋(や)가 붙는 말도 많은 것 같던데.
♥~屋(や)는 ~한 직업을 가진 집이라는 뜻이기도 해. 자세히 배우려면 다음장의 단어 코너에서 익히고 넘어가렴.

POINT 학습

오래 기다리셨습니다.	どうもお待ちどおさま。 도-모 오마찌도-사마
어떠십니까?	いかがですか。 이까가데스까

 いかがですか

권유나 형편을 물을 때에 쓰이는 한 단계 낮은 말로는 「どうですか(어떻습니까?)」가 있습니다.

● いかがですか。   어떠십니까?
● けっこうです。   좋습니다.

손가락 문법

● ~すぎる   너무 ~하다.

美(うつく)しすぎる。   너무 아름답다.
우쯔꾸시스기루

하루에 두 마디씩 배워요!!

A　どうも お待ちどおさま。
　　도-모 오마찌도-사마

　　いかがですか。
　　이까가데스까

B　けっこうです。
　　켓꼬-데스

해석
A　오래 기다리셨습니다.
　　어떠십니까?
B　좋습니다.

한 발자국 더

■ どうも お待ちどおさま。
　도-모 오마찌도-사마
　오래 기다리셨습니다.

■ いかがですか。
　이까가데스까
　어떠십니까?

■ とてもいいですね。
　도떼모 이-데스네
　아주 좋습니다.

■ けっこうです。
　켓꼬-데스
　좋습니다.

■ いくらですか。
　이꾸라데스까
　얼마입니까?

▶ 단어풀이

理容師(りようし)
이용사
いかがですか
어떠십니까?
けっこうだ
괜찮다, 좋다
いい
좋다
いくら
얼마

173

단어실력 쑤~욱
회화실력 쑤~욱

■■■ 건물

スーパー	스-빠-	슈퍼	役所	야꾸쇼	관공서
コンビニ	콤비니	편의점	市役所	시야꾸쇼	시청
デパート	데파-토	백화점	区役所	쿠야꾸쇼	구청
市場	이찌바	시장	~屋	야	~가게
銀行	깅꼬-	은행	米屋	코메야	쌀가게
病院	뵤-잉	병원	魚屋	사까나야	생선가게
クリーニング屋	쿠리-닝구야	세탁소	肉屋	니꾸야	정육점
コインランドリー	코인란도리-	빨래방	八百屋	야오야	야채가게
郵便局	유-빙꾜꾸	우체국	果物屋	쿠다모노야	과일가게
酒屋	사까야	술집	たばこや	타바꼬야	담배가게
床屋	토꾸야	이발소	そば屋	소바야	국수가게
美容院	비요-잉	미용실	電気屋	뎅끼야	전기가게
消防署	쇼-보-쇼	소방서	金物屋	카나모노야	철물점
交番	코-방	파출소	花屋	하나야	꽃집
薬屋	쿠스리야	약국	銭湯	센또-	공중목욕탕

■■■ 위치 · 방향

上	우에	위	東	히가시	동
下	시따	아래	西	니시	서
前	마에	앞	南	미나미	남
後ろ	우시로	뒤	北	키따	북
中	나까	속, 안, 가운데	東西南北	토-자이난보꾸	동서남북
横	요꼬	옆	左	히다리	좌, 안쪽
隣	토나리	이웃	右	미기	우, 오른쪽
そば	소바	옆, 곁	ここ	코꼬	여기
間	아이다	사이	そこ	소꼬	거기
向い	무까이	맞은편	あそこ	아소꼬	저기
向い側	무까이가와	맞은편	どこ	도꼬	어디
向う側	무꼬-가와	건너편	こちら	코찌라	이쪽
裏	우라	뒤, 뒤쪽	そちら	소찌라	그쪽
隅	스미	구석	あちら	아찌라	저쪽

사자성어

- 温故知新 おんこちしん 옹꼬치싱   옛 것을 깨달아 새 것을 앎
- 烏合の衆 うごうのしゅう 우고-노슈-   오합지졸. 규율과 단결력이 없는 모임
- 津津浦浦 つつうらうら 츠쯔우라우라   방방곡곡
- 異口同音 いくどうおん 이꾸도-옹   이구동성

071 이 스타일이 올해 유행입니다.
このスタイルが今年(ことし)の流行(りゅうこう)です。

♥ 유행이라는 거 어찌 보면 얄팍한 상술이 빚어낸 부산물 아니니?
♥ 난 그래도 하루가 다르게 바뀌는 것이 신기한데 뭘. 게다가 유행은 돌고 돈다며.
♥ 그렇긴 해도 약간씩은 차별화시키지. 그것도 장사니까. 좌우지간 난 유행을 너무 쫓지도, 그렇다고 너무 무시하지도 않았으면 좋겠어. 그게 바로 개성 아니겠어?
♥ 하긴 우리나라 사람들 너무 따라하기 좋아해서 탈이긴 해.

POINT 학습

파마를 해 주십시오.　　パーマをかけてください。
　　　　　　　　　　　　파-마오 카께떼구다사이

올해 유행입니다.　　　今年の流行です。
　　　　　　　　　　　코또시노 류-꼬-데스

이·미용 용어

● パーマをかける　　　파마하다
● 髪(かみ)をそめる　　염색하다
● セットする　　　　　세트하다
● カールする　　　　　컬하다
● ウェーブをつける　　웨이브를 내다

손가락 문법

● ~とおなじだ　　~와 같다.

あなたの意見(いけん)とおなじだ。
아나따노 이껜또 오나지다
너의 의견과 같다.

🧡 하루에 두 마디씩 배워요!!

A パーマをかけてください。
파-마오 카께떼구다사이

B どのようにしましょうか。
도노요-니 시마쇼-까

A この本(ほん)を参考(さんこう)にしてください。
코노 홍오 상꼬-니 시떼구다사이

　このスタイルが今年(ことし)の流行(りゅうこう)です。
코노 스따이루가 고또시노 류-꼬-데스

해석
A 파마를 해 주십시오.
B 어떻게 할까요?
A 이 책을 참고해 주십시오.
　이 스타일이 올해 유행입니다.

한 발자국 더

■ どのようにしましょうか。
도노요-니시마쇼-까
어떻게(어느 모양으로) 할까요?

■ この本(ほん)を参考(さんこう)にしてください。
코노 홍오 상꼬-니 시떼구다사이
이 모양을 참고해 주십시오.

■ この本(ほん)を見(み)てえらんでください。
코노 홍오 미떼 에란데구다사이
이 책을 보고 선택해 주십시오.

■ このスタイルが今年(ことし)の流行(りゅうこう)です。
코노 스따이루가 코또시노 류-꼬-데스
이 스타일이 올해의 유행입니다.

■ そうですね。
소-데스네
글쎄요.

♣ TIP
일본은 일본특유의 말을 만들어 내기로도 유명한 나라입니다. 해마다 생기는 신조어도 엄청나서 신조어사전이 있을 정도입니다. 미용이나 패션과 관련해서 이런 말이 있습니다. 일본어 형용사중에 はやい(빠르다)라는 단어가 있습니다. 여기서 이 단어를 동사화 시켜 はやる 말이 됐지요. 뜻은 무엇일까요!? 그만큼 빠른 것, 즉 「유행하다」라는 뜻으로 쓰입니다.

▶ 단어풀이

パーマ
파마
パーマをかける
파마를 하다
本(ほん)
책
参考(さんこう)
참고
スタイル
스타일
今年(ことし)
올해
流行(りゅうこう)
유행
えらぶ
선택하다, 고르다

072

어디에서 삽니까?
どこで買(か)いますか。

♥歌舞伎(かぶき)랑 相撲(すまう)는 이미 우리한테 친숙해져 있지 않나?
♥하긴 그만큼 그네들이 노력을 했다는 증거기도 해. 하나의 훌륭한 관광상품으로 승화시킨 거지.
♥우리도 찾아보면 문화상품 가치가 있는 게 많을 텐데.
♥그걸 말이라고 하니? 하지만 넘어야 할 벽이 너무 높으니까 문제지.

POINT 학습

어디에서 입장권을 삽니까?   どこで入場券(にゅうじょうけん)を買(か)いますか。
도꼬데 뉴-죠-껭오 카이마스까

폐관시간은 몇 시입니까?   閉館時間(はいかんじかん)は何時(なんじ)ですか。
하이간지깐와 난지데스까

관람 문화

일본의 유익한 전통예술 및 관람 상품에는 어떤 것들이 있을까요?

● 歌舞伎(かぶき)   전통 극장예술
● 文楽(ぶんらく)   인형극
● 能(のう)   정형화시킨 무대극
● 相撲(すもう)   스모

손가락 문법

● ~とちがう   ~와 다르다.

普通(ふつう)の人(ひと)とちがう。   보통사람과 다르다.
후쯔-노 히또또 치가우

🐻 하루에 두 마디씩 배워요!!

A すみませんが。どこで入場券を買いますか。
스미마셍가   도꼬데 뉴-죠-껭오 카이마스까

B あそこです。
아소꼬데스

A 閉館時間は何時ですか。
헤-깐지깐와 난지데스까

해석
A 실례합니다. 어디서 입장권을 삽니까?
B 저쪽입니다.
A 폐관시간은 몇 시입니까?

 한 발자국 더

■ 閉館時間は何時ですか。
헤-깐지깐와 난지데스까
폐관시간은 몇 시입니까?

■ 休館日は何曜日ですか。
큐-깡비와 낭요-비데스까
휴관일은 무슨 요일입니까?

■ パンフレットはありませんか。
팜후렛또와 아리마셍까
팜플렛은 없습니까?

■ この席は私の席ですが。
코노세끼와 와따시노 세끼데스가
이 자리는 제 자리인데요.

■ ここはどこですか。
코꼬와 도꼬데스까
여기는 어디입니까?

▶ **단어풀이**

入場券(にゅうじょうけん)
입장권
閉館(へいかん)
폐관
休館日(きゅうかんび)
휴관일
席(せき)
자리

073

10일 정도 걸립니다.
10日（とおか）ぐらいかかります。

♥언니, 우리 재활용품 수거일이 언제지?
♥그건 왜?
♥요즘 이사 들락날락거리는 거 보니까 쓸 만한 것 좀 건질 수 있을 거 같아.
♥큰일이다. 옛날엔 아껴쓰고, 대대로 물려쓰는 모습도 많이 볼 수 있었는데.
♥요즘엔 이사 한 번만 해도 모조리 바꾸는 판에 그런 걸 기대해서 뭐해.
♥이러면서 아이들에게 아나바다(아껴쓰고, 나눠쓰고, 바꿔쓰고, 다시쓰는)운동을 가르친다고 무슨 교육이 될래나.

POINT 학습

10일 정도 걸립니다.	10日（とおか）ぐらいかかります。 토－까구라이 카까리마스
좀 더 빨리 할 수 없습니까?	もっと早（はや）くできませんか。 못또 하야꾸 데끼마셍까

  지시대명사

できる는 '~할 수 있다', 즉 する의 가능 형태입니다.

● 運転（うんてん）ができる。　　운전할 수 있다.
● 利用（りよう）できる。　　　　이용할 수 있다.

 손가락 문법

● ~ておく　　~해두다.

　書（か）いておく。　　써두다.
　카이떼 오꾸

하루에 두 마디씩 배워요!!

A 時間がかかりますか。
　　지깡가 카까리마스까

B 10日ぐらいかかると思いますが。
　　토-까구라이 카까루또 오모이마스가

A もっと早くできませんか。
　　못또 하야꾸 데끼마셍까

해석
A 시간이 걸립니까?
B 10일 정도 걸릴 거라 생각합니다만.
A 좀더 빨리 할 수 없습니까?

> **♣ TIP**
> くらい 정도, 쯤
> ・三日(みっか)ぐらい
> 　3일 정도
> ・どのくらい
> 　어느 정도
> ・背(せ)がどのくらいありますか
> 　키가 얼마나 됩니까?

한 발자국 더

■ 時間がかかりますか。
　지깡가 카까리마스까
　시간이 걸립니까?

■ もっと早くできませんか。
　못또 하야꾸 데끼마셍까
　좀 더 빨리 안됩니까?

■ お願いします。
　오네가이시마스
　부탁합니다.

■ ~ぐらいかかると思いますが。
　구라이 카까루또 오모이마스가
　~정도 걸릴 거라 생각합니다만

■ ~までしてください。
　~마데 구다사이
　~까지 해 주십시오.

▶ 단어풀이

かかる
걸리다
10日(とおか)
10일
もっと
좀 더
早(はや)く
빨리
できる
할 수 있다, 되다

074

어떤 사람과 결혼하고 싶습니까?
どんな人と結婚したいですか。

♥ 넌 어떤 남자가 좋니?
♥ 그야 잘생기고, 돈 많고, 성격 좋으면 그만이지 뭐.
♥ 그런 사람을 만나려니 아직 결혼을 못하지. 그건 어디까지나 이상형이야. 이상형!

POINT 학습

어떤 사람과 결혼하고 싶습니까?	どんな人と結婚したいですか。 돈나 히또또 켓꼰시따이데스까
~사람과 결혼하고 싶습니다.	~人と結婚したいです。 히또또 켓꼰시따이데스

 명사형용사의 중지명

'~고, ~(해)서'의 뜻을 가지는 중지법이 명사 형용사에서는 어떻게 바뀌는지 살펴보기로 하겠습니다. 우선 명사형용사는 だ로 끝나는 것이 특징이라고 했었죠. 중지법은 だ를 바로 で로 바꿔주기만 하면 됩니다.

- きれいだ 깨끗하다 → きれいで 깨끗하고
- 家庭的(かていてき)だ 가정적이다 → 家庭的(かていてき)で 가정적이고

손가락 문법

- ~といっしょに　~와 함께

彼(かれ)といっしょに行(い)きましょう。　그와 함께 갑시다.
카레또 잇쇼니 이끼마쇼-

🟠 하루에 두 마디씩 배워요!!

A どんな人と結婚したいですか。
돈나 히또또 켓꼰시따이데스까

B 家庭的で経済力のある人と結婚したいです。
카떼-떼끼데 케-자이료꾸노 아루 히또또 켓꼰시따이데스

A あなたは。
아나따와

B わたしはやさしい人がすきです。
와따시와 야사시- 히또가 스끼데스

🟠 해석

A 어떤 사람과 결혼하고 싶습니까?
B 가정적이고, 경제력이 있는 사람과 결혼하고 싶습니다.
A 당신은요.
B 나는 친절한 사람이 좋습니다.

🔵 한 발자국 더

■ どんな人と結婚したいですか。
돈나 히또또 켓꼰시따이데스까
어떤 사람과 결혼하고 싶습니까?

■ 経済力のある人と結婚したいです。
케-자이료꾸노 아루히또또 켓꼰시따이데스
경제력이 있는 사람과 결혼하고 싶습니다.

■ 背が高くておもしろい男性と結婚したいです。
세가 타까꾸떼 오모시로이 단세-또 켓꼰시따이데스
키가 크고 재미있는 남성과 결혼하고 싶습니다.

■ 背は普通で、やさしい女性と結婚したいです。
세와 후쯔-데 야사시이 죠세-또 켓꼰시따이데스
키는 보통이고, 상냥한 여성과 결혼하고 싶습니다.

▶ 단어풀이

結婚(けっこん)
결혼
家庭的(かていてき)だ
가정적이다
経済力(けいざいりょく)
경제력
背(せ)
키
高(たか)い
크다
男性(だんせい)
남성
普通(ふつう)だ
보통이다
やさしい
상냥하다

075

여기입니다.
ここです。

♥ 집세는 보통 어떻게 내지? 전세야? 월세야?
♥ 일본은 전세가 없고 거의 월세인데 기본적 집세와 계약 수수료, 관리비 이외에도 敷金(しききん), 礼金(れいきん)이란 것이 들지.
♥ 礼金(れいきん)은 말 그대로 사례금으로 주는 돈이고, 敷金(しききん)은 보증금 같은 거야. 나중에 돌려받을 때 집을 손상시킨 경우엔 거기에서 제하고 주는데 장난이 아니지. 그냥 거의 못 받는다고 봐야지. 보통 집세 1개 월치 敷金(しききん), 礼金(れいきん)이 보통 2개월치. 게다가 수수료 등을 더하면 이것도 아마 꽤 될 걸.

POINT 학습

방2개, 거실, 부엌이 있습니다.　　2LDKです。
　　　　　　　　　　　　　　　　　데스

좋군요.　　　　　　　　　　　　いいですね。
　　　　　　　　　　　　　　　　이－데스네

 집에 관한 여러가지

● 家賃(やちん)　　집세　　　　● 大家(おおや)　집주인
● アパート　　　아파트(저층)　● マンション　　맨션(고층)
● 南向(みなみむ)き　남향　　　● 和室(わしつ)　일본식 방
● 洋室(ようしつ)　서양식 방

손가락 문법

● というのは　　～라는 것은

文学(ぶんがく)というのは　　문학이라는 것은
붕가꾸또유－노와

하루에 두 마디씩 배워요!!

A ここです。どうぞ。
   코꼬데스   도-조

  2LDKです。
        데스

B いいですね。
   이-데스네

해석

A 여기입니다. 들어오십시오.
  방2개, 거실, 부엌이 있습니다.
B 좋군요.

TIP
집을 구하려면 여러 가지 체크할 사항이 많습니다. 시장여부나 교통편, 집의 방향이 어떤지까지 한두 가지가 아닙니다. 그래도 내가 살집이니 남향집을 구하면 금상첨화겠죠!!
• 南向(みなみむ)き 남향

한 발자국 더

■ ここです。
  코꼬데스
  여기입니다.

■ ちょうどいいところがございます。
  쵸-도 이-도꼬로가 고자이마스
  마침 좋은 곳이 있습니다.

■ ふふん、いいですね。
  후흥   이-데스네
  흠, 좋군요.

■ 思ったより広いですね。
  오못따요리 히로이데스네
  생각보다 넓군요.

■ ここに決めます。
  코꼬니 키메마스
  여기로 결정하겠습니다.

▶ **단어풀이**

LDK
「リビング리빙구, ダイニング다이닝구, キッチン킷칭」의 약자
いい
좋다
ちょうど
마침
ところ
곳
広(ひろ)い
넓다
決(き)める
결정하다

076

보여주시겠습니까?
見せていただけますか。

♥ 마음에 든다, 안든다 뭐 그런 표현은 어떻게 하지?
♥ ・気(き)に入(い)りました。
  마음에 듭니다.
  ・気(き)に入(い)りません。
  마음에 안듭니다.
  ・いいですね。
  좋군요.

POINT 학습

| 보여주시겠습니까? | 見せていただけますか。
미세떼 이따다께마스까 |
| 입어봐도 됩니까? | 着て見てもいいですか。
키떼 미떼모 이-데스까 |

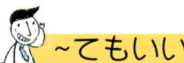 ~てもいい

'~해도 좋다, 된다' 라는 허가 · 허용의 의미를 나타낼 때 쓰이며, いい 대신에 かまいません을 써도 무방합니다.

● 何(なん)でもいいです。　　　　무엇이라도 괜찮습니다.
● 試着(しちゃく)してもいいですか。　입어봐도 됩니까?

 손가락 문법

● 동사ます형+たことがない　　~한 적이 없다.

　見(み)たことがない。　본 적이 없다.
　미따 고또가 나이

하루에 두 마디씩 배워요!!

A あれがいいですね。見せていただけますか。
아레가 이-데스네 미세떼 이따다께마스까

B かしこまりました。
카시꼬마리마시따

A 着て見てもいいですか。
키떼 미떼모 이-데스까

B はい、こちらへどうぞ。
하이 코찌라에 도-조

해석
A 저것이 좋군요. 보여주시겠습니까?
B 알겠습니다.
A 입어봐도 됩니까?
B 예, 이쪽으로 오십시오.

한 발자국 더

- 見せていただけますか。
  미세떼 이따다께마스까
  보여주시겠습니까?

- 見せてください。
  미세떼 구다사이
  보여주십시오.

- ~を買いたいんですが。
  오카이따인데스가
  ~을 사고 싶은데요.

- 着て見てもいいですか。
  키떼 미떼모 이-데스까
  입어봐도 됩니까?

- 試着してもいいですか。
  시쨔꾸시떼모 이-데스까
  입어봐도 됩니까?

▶ 단어풀이

見(み)せる
보이다
かしこまる
삼가 분부대로 받들다
着(き)る
입다
買(か)う
사다
試着(しちゃく)する
입어보다

077 눈주위가 심하게 아픕니다.
目の周りが激しく痛いんです。

POINT 학습

♥언니, 안약을 사긴 샀는데 '안약을 넣다' 는 뭐지?
♥目薬(めぐすり)を差(さ)す

~약을 주십시오.   ~薬をください。
쿠스리오 구다사이

~가 심하게 아픕니다.   ~が激しく痛いんです。
가 하게시꾸 이따인데스

~ぐすり

무슨 무슨 ぐすり가 있을까요? 아니 근데, 왜 탁음이 붙냐고요?
명사와 명사가 결합시 연탁현상이 일어나 탁음이 붙습니다.

● かぜぐすり　감기약　　　● げりどめぐすり　지사제
● 胃(い)ぐすり　위장약　　　● 目薬(めぐすり)　안약

물론 ~ぐすり가 아닌 약도 많지요. 차근차근 내일을 기약하세요.

손가락 문법

● 체언+にする　~로 한다.

これにします。　이것으로 하겠습니다.
코레니 시마스

하루에 두 마디씩 배워요!!

A 目薬をください。
메구스리오 구다사이

B どんな症状ですか。
돈나 쇼-죠-데스까

A 目の周りが激しく痛いんです。
메노 마와리가 하게시꾸 이따인데스

B 診察しましょう。
신사쯔시마쇼-

해석

A 안약을 주십시오.
B 어떤 증상입니까?
A 눈 주위가 심하게 아픕니다.
B 진찰합시다.

한 발자국 더

■ ~の薬がほしいんですが。
노구스리가 호시인데스가
~약을 주세요.

■ ~薬をください。
구스리오 구다사이
~약을 주십시오.

■ よくききますか。
요꾸키끼마스카
잘 듣습니까?

■ 副作用はありませんか。
후꾸사요-와 아리마셍까
부작용은 없습니까?

♣ TIP
몸이 아프면 짜증이 나게 마련입니다. 거기다 언어까지 통하지 않는다면 더욱 고통이 크겠죠. 궁하면 통한다면 그냥 밀고 나가세요.

- ~がいたいです。
  ~가 아픕니다.

▶ 단어풀이

目薬(めぐすり)
안약
症状(しょうじょう)
증상
目(め)
눈
周(まわ)り
주위
激(はげ)しい
심하다
痛(いた)い
아프다
よく
잘
きく
듣다
副作用(ふくさよう)
부작용

078

이 카드에 기입해 주십시오.
このカードにご記入(きにゅう)ください。

♥일본에도 의료보험이 있나?
♥응. 직장인들은 회사내에서 피용자보험에 가입하고, 나머지 사업을 하는 사람들은 국민건강보험에 가입해야 돼. 아참! 여기에는 외국에 1년 이상 체류하는 외국인들도 포함이 되지.
♥외국까지 나가서 아프면 정말 힘들겠다.
♥그러니까 일단 안아프도록 몸관리에 각별히 신경쓰고 사전에 상비약을 구비해 가는 것도 방법 중의 하나야.

POINT 학습

처음입니다.　　　　初(はじ)めてです。
　　　　　　　　　하지메떼데스

이 카드에 기입해 주십시오.　このカードにご記入(きにゅう)ください。
　　　　　　　　　　　　　　코노카―도니 고끼뉴―구다사이

 お(ご) ~ください

상대방에 대한 권유나 허가를 나타내는 표현에 「~てください」가 있다고 앞에서 배운 적이 있습니다. 그러나 정중한 자리나 손윗분들에게는 좀 존경도가 낮은 면이 없지 않습니다. お·ご를 동반한 동사 ます형이나 동작의 의미를 띤 한어(漢語) 뒤에 「ください」가 접속하여 '~하여 주십시오'의 의미로 사용됩니다.

● お待(ま)ちください。　　　기다려 주십시오.
● ご記入(きにゅう)ください。　기입해 주십시오.

손가락 문법

● ~にちがいない　　~임에 틀림이 없다.

そうにちがいない。　그러함에 틀림없다.
소―니 치가이나이

하루에 두 마디씩 배워요!!

A ご予約ですか。
고요야꾸데스까

B いいえ、初めてです。
이-에 하지메떼데스

A わかりました。
와까리마시따

　このカードにご記入ください。
　코노 카-도니 고끼뉴-구다사이

해석

A 예약하셨습니까?
B 아니오, 처음입니다.
A 알겠습니다.
　　이 카드에 기입해 주십시오.

한 발자국 더

■ 受け付けはどこでしますか。
우께쯔께와 도꼬데 시마스까
접수는 어디서 합니까?

■ 診察を受けたいんです。
신사쯔오 우께따인데스
진찰을 받고 싶습니다.

■ ご予約ですか。
고요야꾸데스까
예약하셨습니까?

■ 保険証はありますか。
호껜쇼-와 아리마스까
보험증은 갖고 계십니까?

▶ 단어풀이

予約(よやく)
예약

初(はじ)めて
처음

カード
카드

記入(きにゅう)
기입

受(う)け付(つ)け
접수

診察(しんさつ)
진찰

受(う)ける
~을 받다

保険証(ほけんしょう)
보험증

079

병원이 어디입니까?
病院はどちらですか。
びょういん

♥ 언니. 문병 가서 하는 말은?
♥ どうぞお大事(だいじ)に。
♥ 아, 맞다.맞다.
　心配(しんぱい)することない
　です。

POINT 학습

병원이 어디입니까?　　病院はどちらですか。
　　　　　　　　　　　びょういん
　　　　　　　　　　　보-인와 도찌라데스까

입원했다면서요.　　　入院したそうですね。
　　　　　　　　　　にゅういん
　　　　　　　　　　뉴-인시따소-데스네

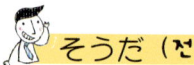 そうだ (전문)

전문(伝聞)이라 함은 다른 곳에서 들은 사실을 타인에게 전하는 것을 말합니다. 동사, 형용사, 명사형용사의 기본형과 그 과거형 뒤에 そうだ를 접속시키면 되는데 그 예는 다음과 같습니다.

● 金さんが病気(びょうき)で入院(にゅういん)したそうですね。
　김씨가 병으로 입원했다면서요.
● 午後(ごご)には雨(あめ)が降(ふ)るそうです。
　오후에는 비가 온답니다.

손가락 문법

● ~かどうか　　～인지 어떤지
　いくかどうか　　갈지 어떨지
　이꾸까 도-까

하루에 두 마디씩 배워요!!

A スミスさんが
   스미스상가
   病気で入院したそうですね。
   보-끼데 뉴-인시따소-데스네

B そうですか。病院はどちらですか。
   소-데스까   보-인와 도찌라데스까

A 韓国病院です。
   캉꼬꾸뵤-인데스

해석

A 스미스가 병원에 입원했다면서요.
B 그렇습니까? 병원이 어디입니까?
A 한국병원입니다.

✤TIP
우리말의「~이(가)」에 해당하는 일본어 조사는「~が」입니다. 하지만 그대로 무조건 사용해서는 안됩니다. 뒤에 의문사가 올 경우에는 앞의 조사는「~は」가 오기 때문입니다.

- これは何(なん)ですか。
  이것은 무엇입니까?
- 病院(びょういん)はどちらですか。
  병원이 어디입니까?

한 발자국 더

■ ~さんが病気で入院したそうですね。
   상가 보-끼데 뉴-인시따소-데스네
   ~씨가 병으로 입원했다는군요.

■ 間違いないんですか。
   마찌가이나인데스까
   틀림없는 겁니까?

■ 病院はどちらですか。
   보-인와 도찌라데스까
   병원은 어디입니까?

■ いつですか。
   이쯔데스까
   언제입니까?

▶ 단어풀이

病気(びょうき)
병
入院(にゅういん)
입원
病院(びょういん)
병원
どちら
어디
間違(まちが)いない
틀림없다
いつ
언제

080 정년퇴직했습니다.
定年退職しました。
でい ねん たい しょく

♥ '~에 근무하다' 가 뭐지?
♥ ~に勤(つと)める
♥ '~에서 일하다' 는?
♥ ~で働(はたら)く
♥ 조사가 틀리네?
♥ ~に勤(つと)める는 회사, ~で働(はたら)く는 부서나 과 처럼 작은 범위에 쓰인단다.

POINT 학습

어떤 일을 하고 계십니까?   どんなお仕事をなさっていますか。
                         돈나 오시고또오 나삿떼이마스까

정년퇴직했습니다.   定年退職しました。
                         테-넨따이쇼꾸시마시따

 なさる

「なさる」는 「する」의 존경어인데 ます형이 접속될 때에는 r자음이 탈락현상을 보입니다. 본문에서는 그 형태가 드러나지 않지만 한번 볼까요?

● 何(なに)になさいますか。   김씨가 병으로 입원했다면서요.
   なさります(X) → なさいます(O)
   ▶ r자음 탈락

 손가락 문법

● 동사ます형 + なおす   다시 ~하다.

   書(か)きなおす。   다시 쓰다.
   카끼나오스

하루에 두 마디씩 배워요!!

A おとうさんはどんなお仕事をなさっていますか。
오또-산와 돈나 오시고또오 나삿떼이마스까

B 公務員でしたが、定年退職しました。
코-무인데시따가　　테-넨따이쇼꾸시마시따

A おいくつですか。
오이꾸쯔데스까

B 70才です。
나나줏사이데스

해석
A 아버님은 어떤 일을 하고 계십니까?
B 공무원이었습니다만, 정년퇴직했습니다.
A 연세가 몇이십니까?
B 일흔 살입니다.

한 발자국 더

■ どんなお仕事をなさっていますか。
돈나 오시고또오 나삿떼이마스까
어떤 일을 하고 계십니까?

■ ごきょうだいは何をしておいでですか。
고쿄-다이와 나니오 시떼 오이데데스까
형제분은 무엇을 하고 있습니까?

■ まだ学生です。
마다 각세-데스
아직 학생입니다.

■ ~に勤めています。
니 츠또메떼이마스
~에 근무하고 있습니다.

▶ 단어풀이

おとうさん
아버지(남의 가족을 말할 때)

仕事(しごと)
일

公務員(こうむいん)
공무원

定年退職
(ていねんたいしょく)
정년퇴직

きょうだい
형제

学生(がくせい)
학생

勤(つと)める
근무하다

はたらく
일하다

단어실력 쑤~욱
회화실력 쑤~욱

■■■ 비즈니스

会社	카이샤	회사
社長	샤쪼-	사장
会長	카이쪼-	회장
取締役	토리시마리야꾸	이사
専務	셈무	전무
常務	죠-무	상무
部長	부쪼-	부장
次長	지쪼-	차장
課長	카쪼-	과장
係長	카까리쪼-	계장
主任	슈닝	주임
社員	샤잉	사원
平社員	히라샤잉	평사원
名刺	메-시	명함
取引先	토리히끼사끼	거래처
得意先	토꾸이사끼	단골집,단골거래처
契約	케-야꾸	계약
おろしうり	오로시우리	도매

小売り	코우리	소매
注文	츄-몽	주문
決済	켓사이	결제
価格	카까꾸	가격
オーダー	오-다-	오더
受注	쥬쮸-	수주
代金	다이낑	대금
見本	미홍	견본
サンプル	삼뿌루	샘플
現金	겡낑	현금
手形	데가따	어음
品質	힌시쯔	품질
送状	오꾸리죠-	송장
手数料	테스-료-	수수료
為替レート	가와세레-또	환율
品切れ	시나기레	품절
見積り	미쯔모리	견적
不良	후료-	불량

損害	송가이	손해		破損	하송	파손
企画	키까꾸	기획		実績	짓세끼	실적
保険	호껭	보험		入荷	뉴-까	입하
管理	칸리	관리		生産	세-상	생산
原価	겡까	원가		船積	후나즈미	선적
税金	제-킹	세금		利益	리에끼	이익
売買	바이바이	매매		運送	운소-	운송
接待	셋따이	접대		販売	함바이	판매
クレーム	쿠레-무	클레임		輸入	유뉴-	수입
被害	히가이	피해		輸出	유슈쯔	수출

사자성어

- 会者定離 えしゃじょうり 에샤죠-리   만난 사람은 반드시 헤어진다는 의미
- 流言飛語 りゅうげんひご 류-겐히고   유언비어
- 言語道断 ごんごどうだん 곤고도-당   말도 안될만큼 정도에서 벗어난 것
- 臥薪嘗胆 がしんしょうたん 가신쇼-땅   원수를 갚기 위해 고통을 참음

081 장마가 시작되었습니다.
梅雨(つゆ)に入(はい)りました。

♥ 난 정말 장마가 싫어. 기분도 찌뿌둥하고, 모든 게 축축 늘어지는 기분이야.
♥ 그래서 장마철 간간이 해가 날 땐 얘네들은 햇볕에 이불 말리느라 장난이 아니야.
♥ 역시 우리나라가 좋군. 사계절을 만끽하며 살 수 있다니.

POINT 학습

장마가 시작되다. 梅雨(つゆ)に入(はい)る。
츠유니 하이루

계속되고 있습니다. 続(つづ)いています。
츠즈이떼이마스

 비에 관한 표현 몇 가지

● 雲(くも)が出(で)る   구름이 끼다
● 霜(しも)が降(お)りる   서리가 내리다
● 曇(くも)り後晴(のちは)れ 흐린 뒤 갬
● 霧(きり)がかかる   안개가 끼다

손가락 문법

● ~さえ ~조차

名前(なまえ)さえ知(し)らなかった。   이름조차 몰랐다.
나마에사에 시라나깟따

하루에 두 마디씩 배워요!!

A 梅雨(つゆ)に入(はい)りました。
  츠유니 하이리마시따

B そうですね。
  소-데스네

  もう1週間(しゅうかん)ぐらい続(つづ)いていますね。
  모- 잇슈-깡구라이 츠즈이떼이마스네

A ええ、とても蒸(む)し暑(あつ)いです。
  에- 토떼모 무시아쯔이데스

해석

A 장마가 시작되었습니다.
B 그렇군요.
  벌써 1주일 정도 계속되고 있어요.
A 예, 매우 후텁지근합니다.

> **♣ TIP**
> 일본도 우리와 마찬가지로 장마가 있습니다. 여름철은 고온다습하기 때문에 후텁지근한 날씨가 계속되기 마련이죠. 그냥 덥기만 해도 힘든데 습도까지 높으면 사람을 지치게 합니다.
> - 蒸(む)し暑(あつ)い
>   후텁지근하다
> - 梅雨(つゆ)
>   장마

한 발자국 더

■ 梅雨(つゆ)に入(はい)りました。
  츠유니 하이리마시따
  장마가 시작되었습니다.

■ 雨(あめ)が上(あ)がりました。
  아메가 아가리마시따
  비가 그쳤습니다.

■ よく降(ふ)りますね。
  요꾸 후리마스네
  비가 자주 오는군요.

■ ~注意報(ちゅういほう)が出(で)てきました。
  츄-이호-가 데떼기마시따
  ~주의보가 내렸습니다.

▶ 단어풀이

梅雨(つゆ)
장마
梅雨(つゆ)に入(はい)る
장마가 시작되었다
もう
벌써
続(つづ)く
계속되다
雨(あめ)が上(あ)がる
비가 그치다
注意報(ちゅういほう)
주의보

082

저도 처음이라 잘 모르겠습니다.
私(わたし)も初(はじ)めてですからよく知(し)りません。

♥ 해설에 보면 しる랑 わかる랑 다 나오는데 같은 거야?
♥ しる는 경험이나 지식을 말할 때 쓰는 거고, わかる는 사물을 이해하고 의미를 파악하는 걸 말해. '알고 계십니까?' 라는 말 한번 해볼래?
♥ 知(し)りますか。 わかりますか。
♥ 그럴줄 알았어. 知(し)る의 경우 항상 ている의 형태로 물어봐야 해.

POINT 학습

| 저도 처음입니다. | 私(わたし)も初(はじ)めてです。
와따시모 하지메떼데스 |
| 잘 모르겠습니다. | よく知(し)りません。
요꾸 시리마셍 |

 から

から 앞의 내용이 뒤의 내용의 원인이나 이유를 나타냅니다. 이 원인이나 내용을 나타내는 말로 ので라는 것이 있는데, ので가 객관적인 생각을 나타낸다면 から는 화자의 주관적인 느낌이 강합니다.

● 私(わたし)も初(はじ)めですから、よく知(し)りません。
　저도 처음이라 잘 모릅니다.

● よくわからないから、聞(き)いてみよう。
　잘 모르니까 물어보자.

손가락 문법

● ~だらけです　~투성이입니다.

　泥(どろ)だらけ　진흙투성이
　도로다라께

🙂 하루에 두 마디씩 배워요!!

A　すみません。
　　스미마셍

　　韓国ビルはどこにありますか。
　　캉꼬꾸비루와 도꼬니 아리마스까

B　私も初めてですからよく知りません。
　　와따시모 하지메떼데스까라 요꾸 시리마셍

　　あそこのお巡りさんに聞いて見てください。
　　아소꼬노 오마와리상니 키이떼 미떼 구다사이

해석

A　실례합니다.
　　한국빌딩은 어디에 있습니까?.

B　저도 처음이라 잘 모르겠습니다.
　　저쪽 경찰관한테 물어 보십시오.

 한 발자국 더

■ ~はどこにありますか。
　와 도꼬니 아리마스까
　~은 어디에 있습니까?

■ ~はどう行けばいいですか。
　와 도- 이께바 이-데스까
　~은(는) 어떻게 가면 됩니까?

■ 他の人に聞いて見てください。
　호까노 히또니 키이떼미떼구다사이
　다른 사람에게 물어 보십시오.

■ よく知りません。
　요꾸시리마셍
　잘 모릅니다.

▶ 단어풀이

ビル
빌딩
初(はじ)めて
처음
よく
잘
知(し)る
알다
他(ほか)
다른
聞(き)く
묻다

083

한국호텔에 도착하면 가르쳐 주시겠습니까?

韓国ホテルに着いたら教えていただけますか。

♥ ~なさい는 '~해라'라는 정도의 말로서 손아래한테나 쓰는 말, 아니 그러니까 웬만하면 안쓰는 게 좋은 말이야. 좀 더 정중한 말에 ください가 있긴 하지만 이 역시 명령의 느낌이 강해.
~てもらえませんか,
~てくださいませんか,
~ていただけませんか식의 표현을 써주는 게 최선이지.

POINT 학습

~에 도착하면 가르쳐 주시겠습니까?

~に着いたら教えていただけますか。
니 츠이따라 오시에떼 이따다께마스까

 ~たら

화자의 주관적인 면이 강하게 드러날 경우와 완료의 조건일 경우엔 たら를 사용합니다. 접속형태는 음편에서 배운 적이 있죠. 내용은 같습니다.

● 時間(じかん)があったら、行(い)ってください。
시간이 있으면 가십시오.

● ホテルに着(つ)いたら教(おし)えていただけますか。
호텔에 도착하면 가르쳐 주시겠습니까?

손가락 문법

● ~にのる   ~을(를) 타다.

バスに乗(の)って行(い)きます。   버스를 타고 갑니다.
바스니 놋떼 이끼마스

하루에 두 마디씩 배워요!!

A 韓国ホテルに着いたら教えていただけますか。
캉꼬꾸호테루니 츠이따라 오시에떼 이따다께마스까

B はい。
하이

A どのくらい時間がかかりますか。
도노구라이 지깡가 카까리마스까

B 30分ぐらいかかるでしょうね。
산줏뿡구라이 카까루데쇼-네

♣ TIP
다왔으면 아저씨가 뭐라고 그러실까요!?
· お客(きゃく)さん、着(つ)きました。
  손님, 다왔습니다.

해석

A 한국호텔에 도착하면 가르쳐 주시겠습니까?
B 예.
A 어느 정도 시간이 걸립니까?
B 30분 정도 걸릴겁니다.

한 발자국 더

■ ~に着いたら教えていただけますか。
니 츠이따라 오시에떼 이따다께마스까
도착하면 가르쳐 주시겠습니까?

■ ~で降ろしてください。
데 오로시떼구다사이
~에서 내려주십시오.

■ 降ります。
오리마스
내립니다.

■ 次は ~です。
츠기와 데스
다음이 ~입니다.

▶ 단어풀이

韓国(かんこく)
한국
ホテル
호텔
~に着(つ)く
~에 도착하다
降(お)ろす
내리다
次(つぎ)
다음

084

여기서 세워주십시오.
ここで止めてください。

POINT 학습

♥차 탈 때 쓰이는 위치용어 좀 정리해 보자.
- ここ 여기
- あそこ 저기
- 左(ひだり) 왼쪽
- 右(みぎ) 오른쪽
- こっち 이쪽
- むこう 맞은편
- 反対側(はんたいがわ) 반대쪽
- ～の手前(てまえ) ～바로 앞

~에서 세워주십시오.　　　　~で止めてください。
　　　　　　　　　　　　　데 토메떼구다사이

여기 있습니다.　　　　　　どうぞ。
　　　　　　　　　　　　　도-조

 どうぞ

앞에서도 다루었지만, 「どうぞ」라는 단어를 무시하고서는 절대로 회화가 될 수 없습니다.

● いくらですか。　　　　　얼마입니까?
　1000円です。　　　　　천엔입니다.
　はい、どうぞ。　　　　　예, 여기 있습니다.

손가락 문법

● ~がすきだ　　~을(를) 좋아하다.

私(わたし)はバスケットボールが好(す)きです。
와따시와 바스껫또보-루가 스끼데스
나는 농구를 좋아합니다.

하루에 두 마디씩 배워요!!

A ここで止めてください。
코꼬데 토메떼구다사이

B はい、2000円です。
하이   니셍엔데스

A はい、どうぞ。
하이   도-조

B おつりは取っておいてください。
오쯔리와 톳떼 오이떼 구다사이

해석

A 여기서 세워주십시오.
B 예, 2000엔 입니다.
A 예, 여기 있습니다.
B 거스름돈은 놔두십시오.

한 발자국 더

■ ~で止めてください。
데 토메떼구다사이
~에서 세워주십시오.

■ ~の手前で止めてください。
노 테마에데 토메떼구다사이
~바로 앞에서 세워주십시오.

■ 料金はいくらですか。
료-낀와 이꾸라데스까
요금은 얼마입니까?

■ ~円です。
엔데스
엔입니다.

▶ 단어풀이

止(と)める
서다, 멈추다
円(えん)
일본 화폐 단위
~の手前(てまえ)
~바로 앞
料金(りょうきん)
요금

085

다음 역에서 내리세요.
次の駅で降りてください。
つぎ　えき　お

POINT 학습

♥언니, 降(お)ろす와 降(お)りる의 차이점이 뭐야?
♥간단하게 비교해 볼까?
・降(お)ろしてください。
　내려주세요.(잘 모르니까 내리게 해달라는 뜻)
・降(お)りてください。
　내려주세요.(여기서 내리라는 뜻)

다음은 ~입니까?　　　つぎは ~ですか。
　　　　　　　　　　츠기와　　데스까

~에서 내리세요.　　　~で降りてください。
　　　　　　　　　　데 오리떼구다사이

 で

で의 여러가지 용법 가운데는 장소를 나타내는 경우도 있습니다.

● どこで降(お)りますか。
　어디서 내립니까?
● 次(つぎ)の駅(えき)で降(お)りてください。
　다음 역에서 내리십시오.

손가락 문법

● 동사미연형+なくても　~하지 않아도

行(い)かなくてもいいです。　가지 않아도 됩니다.
이까나꾸떼모 이-데스

하루에 두 마디씩 배워요!!

A すみません。つぎは上野ですか。
　스미마셍　　　　츠기와 우에노데스까

B いいえ、まだです。
　이-에　　　마다데스
　…
　次の駅で降りてください。
　츠기노에끼데 오리떼구다사이

해석

A 실례합니다. 다음은 우에노입니까?
B 아니오. 아직입니다.
　…
　다음 역에서 내리세요.

TIP
다왔으면 아저씨가 뭐라고 그러실까요!?
- いくつめ　　　몇 번째
- 一(ひと)つ目(め)　첫 번째
- 二(ふた)つめ　　두번째
- 上野駅(うえのえき)はいくつめですか。
  우에노 역은 몇 번째입니까?
- 二(ふた)つめです。
  두 번 째역입니다.

우리가 비행기 안에서 만나는 이들은!?
- スチュワード　스튜어드
- スチュワーデス 스튜어디스

한 발자국 더

■ つぎは~ですか。
　츠기와 데스까
　다음은 ~입니까?

■ ~を通りますか。
　오 토-리마스까
　~에 섭니까?

■ どこで降りればいいですか。
　도코데 오리레바이-데스까
　어디서 내리면 됩니까?

■ ~で降りてください。
　데 오리떼구다사이
　~에서 내려주십시오.

▶ 단어풀이

つぎ
다음
上野(うえの)
우에노(지명)
まだ
아직
~で
~에서
降(お)りる
내리다
とおる
지나다, 통과하다

086

계산을 부탁합니다.
お勘定をお願いします。
かんじょう ねが

♥ 언니! 일본인들은 국그릇을 손에 들고 먹더라.
♥ 응, 그것도 다 그들만의 습관이지 뭐. 한 손으로는 그릇을 받치고, 건데기는 젓가락으로, 국물은 후루룩 마시면 돼.
♥ 불편하지 않나?
♥ 아니야, 그릇이 아주 가벼운 재질로 돼있거든. 이건 어디까지나 문화적인 것이니까 아주 아주 객관적인 시각으로 보자구.

POINT 학습

계산을 부탁합니다.	お勘定をお願いします。 오깐죠ー오 오네가이시마스
전부 ~엔입니다.	全部で ~ 円でございます。 젬부데　　　엔데고자이마스

 돈 돈 돈

돈을 세려면 역시 숫자에 민감해야겠죠. 천단위 이상만 검토해 볼까요?

- 1000(せん)　　・2000(にせん)　　・3000(さんぜん)　　・4000(よんせん)
- 5000(ごせん)　　・6000(ろくせん)　　・7000(ななせん)　　・8000(はっせん)
- 9000(きゅうせん)　　　　　　　　　　　・10000(いちまん)
- 100000(じゅうまん)　　　　　　　　　・1000000(ひゃくまん)
- 10000000(せんまん)　　　　　　　　・100000000(いちおく)

손가락 문법

● **~してもかまいません**　　~해도 상관없습니다.

　早(はや)く帰(かえ)**ってもかまいません**。　　빨리 가도 상관 없습니다.
　하야꾸 카엣떼모 카마이마셍

하루에 두 마디씩 배워요!!

A お勘定をお願いします。
오깐죠－오 오네가이시마스

B はい、全部で10,000円でございます。
하이　　젬부데 이찌망엔데고자이마스

ありがとうございました。
아리가또－고자이마시따

해석

A 계산을 부탁합니다.
B 예, 전부 만엔입니다.
　 감사합니다.

한 발자국 더

■ お勘定をお願いします。
오깐죠－오 오네가이시마스
계산을 부탁합니다.

■ これを持ち帰りたいのですが。
고레오 모찌까에리따이노데스가
이것을 싸가고 싶은데요.

■ カードも使えますか。
카－도모 츠까에마스까
카드도 쓸 수 있습니까?

■ はい、カードでもいいです。
하이　　카도데모 이－데스
예, 카드도 좋습니다.

■ 料理はお気に召しましたか。
료－리와 오끼니 메시마시따까
요리는 마음에 드셨습니까?

▶ 단어풀이

勘定(かんじょう)
계산

全部(ぜんぶ)で
전부, 모두 합해서

カード
카드

料理(りょうり)
요리

209

087

콜라를 부탁합니다.
コーラをお願(ねが)いします。

♥언니, 아는 음료수 다 말해 봐.
♥コーラ 콜라
　ジュース 쥬스
　紅茶(こうちゃ) 홍차
　ワイン 와인
　ウイスキー 위스키
　ココア 코코아
　サイダー 사이다

POINT 학습

음료는 무엇이~	お飲(の)み物(もの)は何(なに)が ~ 오노미모노와 나니가
~을 주십시오.	~をお願(ねが)いします。 오 오네가이시마스

 ~ 物

~物(もの)가 붙는 말들을 살펴볼까요?

- 飲(の)み物(もの) 마실 것(음료)
- 買(か)い物(もの) 쇼핑
- 読(よ)み物(もの) 읽을거리
- 食(た)べ物(もの) 먹을 것
- 見物(みもの) 구경거리

손가락 문법

● 명사+らしい　~답다.

学生(がくせい)らしい。　학생답다.
각세-라시-

하루에 두 마디씩 배워요!!

A お客お飲み物は何がよろしいですか。
오꺅사마 오노미모노와 나니가 요로시-데스까

B コーラをお願いします。
코-라오 오네가이시마스

A はい、どうぞ。
하이   도-조

해석

A 손님, 음료는 무엇이 좋겠습니까?
B 콜라를 주십시오.
A 예, 여기 있습니다.

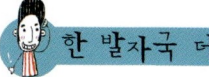

한 발자국 더

■ お飲み物は何がよろしいですか。
오노미모노와 나니가 요로시-데스까
음료는 무엇이 좋겠습니까?

■ コーラをお願いします。
코-라오 오네가이시마스
콜라를 부탁합니다.

■ お水ください。
오미즈 구다사이
물 주세요.

■ ビールください。
비-루 구다사이
맥주 주세요.

■ コーヒーください。
코-히- 구다사이
커피 주세요.

▶ 단어풀이

お客(きゃくさま)
손님
飲(の)み物(もの)
음료
コーラ
콜라
お水(みず)
물
ビール
맥주
コーヒー
커피

곧 가져 오겠습니다.
すぐお持ちします。

POINT 학습

~을 부탁합니다.　　　　~をお願いします。
　　　　　　　　　　　　오 오네가이시마스

곧 갖다 드리겠습니다.　　すぐお持ちします。
　　　　　　　　　　　　스구 오모찌시마스

♥방이 마음에 안들면 어떡하지?
♥그야 바꿔달라면 되지.
♥어떻게?
♥部屋(へや)を替(か)えたいんですが.
　방을 바꾸고 싶은데요.

 지시대명사

앞에서 お(ご) ~ する형태에 관해 공부했었죠. 다시 한 번 훑고 지나가 보도록 하죠.

● すぐお持(も)ちします。　　　곧 갖다 드리겠습니다.
● お手伝(てつだ)いします。　　도와 드리겠습니다.
● お知(し)らせします。　　　　알려 드리겠습니다.

손가락 문법

● 형용사, 동사종지형(기본형), 체언, 명사형용사 어간+らしい　　~인 것 같다.

あれは私(わたし)のらしい。　저것은 내 것인 것 같다.
아레와 와따시노라시-

명사형용사의 어간 : だ를 뺀 앞부분(변하지 않는 부분)

하루에 두 마디씩 배워요!!

A 102号室ですが、せっけんをお願いします。
  핫뺘꾸니고-시쯔데스가　　셋껭오 오네가이시마스

B はい、すぐお持ちします。
  하이　스구 오모찌시마스

  はい、どうぞ。
  하이　도-조

A ありがとうございます。
  아리가또-고자이마스

해석

A 102호실인데요. 비누를 부탁합니다.
B 예, 곧 갖다 드리겠습니다.
  예, 여기 있습니다.
A 감사합니다.

TIP
일본의 여관은 우리의 개념과는 조금 다릅니다. 시설도 훌륭하고 (물론 경우마다 다르겠지만) 오히려 호텔보다 비싼 곳도 많이 있습니다. 전통적인 여관에 묵으면서 온천도 즐기고 전통코스요리인 懐石(かい せき)카이세끼요리를 먹어보는 것도 큰 즐거움의 하나입니다.

한 발자국 더

■ せっけんをお願いします。
  셋껭오 오네가이시마스
  비누를 부탁합니다.

■ タオルを持ってきていただけませんか。
  타오루오 못떼기떼 이따다께마셍까
  수건을 갖다 주시겠습니까?

■ テレビがつかないんです。
  테레비가 츠까나인데스
  텔레비전이 나오지 않습니다.

■ お湯が出ません。
  오유가 데마셍
  더운물이 나오지 않습니다.

▶ 단어풀이

~号室(~ごうしつ)
호실
せっけん
비누
すぐ
곧
持(も)つ
갖다
タオル
수건
テレビ
텔레비전
お湯(ゆ)
더운물

089 체크아웃 하겠습니다.
チェックアウトします。

♥계산할 수 있는 화폐 종류에는 뭐가 있지?
♥現金(げんきん) 현금
　カード(クレジットカード) 카드
　トラベラーズチェック 여행자 수표

POINT 학습

체크아웃 하겠습니다.　　チェックアウトします。
　　　　　　　　　　　　쳇쿠아우토시마스

카드라도 됩니까?　　　　カードでもよろしいですか。
　　　　　　　　　　　　카-도데모 요로시-데스까

 ~でも

무엇을 예를 들어 말할 때 사용하며, '~라도'의 의미를 가집니다.

● お茶(ちゃ)でも飲(の)みましょうか。　　차라도 마실까요?
● カードでもよろしいですか。　　　　　카드라도 됩니까?

손가락 문법

● ~てみる　　~해보다

食(た)べてみる。　　먹어보다.
타베떼마루

하루에 두 마디씩 배워요!!

A　チェックアウトします。
　　쳇쿠아우토시마스

B　はい、こちらは計算書（けいさんしょ）です。
　　하이　　코찌라와 께-산쇼데스

A　カードでもよろしいですか。
　　카-도데모 요로시-데스까

B　はい、ありがとうございます。
　　하이　　아리가또-고자이마스

> **♣ TIP**
> ・チェックイン　체크인
> ・チェックアウト　체크아웃

해석
A　체크아웃 하겠습니다.
B　예, 여기 계산서입니다.
A　카드라도 됩니까
B　예, 감사합니다.

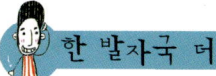

한 발자국 더

■ チェックアウトします。
　쳇쿠아우토시마스
　체크아웃 하겠습니다.

■ 勘定（かんじょう）をお願（ねが）いします。
　칸죠-오 오네가이시마스
　계산을 부탁합니다.

■ 現金（げんきん）でします。
　겡낀데시마스
　현금으로 하겠습니다.

■ カードでもよろしいですか。
　카-도데모 요로시-데스까
　카드라도 됩니까?

▶ **단어풀이**

チェックアウト
체크아웃
計算書(けいさんしょ)
계산서
カード
카드
勘定(かんじょう)
계산
現金(げんきん)
현금

215

090

어떻게 바꿔 드릴까요?
どのように替えましょうか。

♥ 언니! 요즘 달러가 장난이 아니더라.
♥ 그러게 말이야.
♥ 달러는 아니지만 일본에 가서 공부하는 사람들 정말 힘든 생활을 할 거야. 물가가 워낙 비싸서.
♥ 그러니까 절약, 또 절약해야지.

POINT 학습

어떻게 바꿔 드릴까요?	どのように替えましょうか。 도노요-니 카에마쇼-까
~로 바꿔 주십시오.	~に替えてください。 니 카에떼구다사이

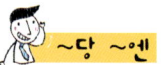

~当(あた)り ~円으로 표기합니다.

● 1달러당 20円　　1ドル当(あた)り 20円
● 1달러당 940원　1ドル当(あた)り 940ウォン

ウォン은 우리나라 화폐단위인 바로 '원' 이랍니다.

손가락 문법

● あまり~ありません　그다지 ~하지 않습니다.

　あまりうまくありません。　그다지 잘하지 못합니다.
　아마리 우마꾸아리마셍

하루에 두 마디씩 배워요!!

A どのように替(か)えましょうか。
도노요-니 카에마쇼-까

B ドルを円(えん)に替(か)えてください。
도루오 엔니 카에떼구다사이

A ここにサインしてください。
코꼬니 사인시떼구다사이

해석
A 어떻게 바꿔 드릴까요?
B 달러를 엔으로 바꿔 주십시오.
A 여기에 사인해 주십시오.

한 발자국 더

■ どのように替(か)えましょうか。
도노요-니 카에마쇼-까
어떻게 바꿔드릴까요?

■ いくらお換(か)えになりますか。
이꾸라 오까에니나리마스까
얼마 바꾸시겠습니까?

■ これに書(か)き込(こ)んでください。
코레니 카키꼰데구다사이
여기에 기입해 주십시오.

■ 今日(きょう)の為替(かわせ)レートはいくらですか。
쿄-노 카와세레-토와 이꾸라데스까
오늘의 환율은 얼마입니까?

■ ドルに両替(りょうがえ)していただけますか。
도루니 료-가에시떼 이따다께마스까
달러로 환전해 주시겠습니까?

▶ 단어풀이

替(か)える
바꾸다, 환전하다
ドル
달러
サイン
사인
書(か)きむ
기입하다
為替(かわせ)レート
환율
両替(りょうがえ)
환전

■■■ 요리재료, 요리

米	코메	쌀		味噌	미소	된장
むぎ	무기	보리		醤油	쇼-유	간장
大豆	타이즈	콩		とうがらし	토-가라시	고추
小豆	아즈끼	팥		とうがらしの紛	토-가라시노고나	고추가루
はくさい	학사이	배추		胡麻塩	코마시오	깨소금
大根	타이꽁	무우		小麦紛	코무기꼬	밀가루
胡瓜	큐-리	오이		牛肉	큐-니꾸	쇠고기
かぼちゃ	카보쨔	호박		豚肉	부따니꾸	돼지고기
ほうれんそう	호-렌소-	시금치		鶏肉	토리니꾸	닭고기
人参	닌징	당근		卵	타마고	계란
ねぎ	네기	파		ハム	하무	햄
玉ねぎ	타마네기	양파		石持	이시모찌	조기
じゃがいも	쟈가이모	감자		太刀魚	타찌우오	갈치
さつまいも	사쯔마이모	고구마		秋刀魚	삼마	꽁치
大蒜	닌니꾸	마늘		鰆	사와라	삼치
豆腐	토-후	두부		かたくちいわし	카따꾸찌이와시	멸치
砂糖	사또-	설탕		たい	타이	도미
塩	시오	소금		鱈	타라	대구
酢	스	식초		鯖	사바	고등어

鰊	니싱	청어
さけ	사께	연어
かれい	카레-	가자미
まぐろ	마구로	참치(붉은살)
とろ	토로	참치(지방부분)
平目	히라메	광어
たこ	타꼬	문어, 낙지
お寿司	오스시	생선초밥
お刺身	오사시미	생선회
すきやき	스끼야끼	전골
しゃぶしゃぶ	샤부샤부	샤브샤브

そば	소바	국수
もりそば	모리소바	메밀국수
うどん	우동	우동
味噌汁	미소시루	된장국
どんぶり	돔부리	덮밥
おでん	오뎅	꼬치안주
ハンバーガー	함바-가-	햄버거
スパゲッティ	스파게티	스파게티
サンドイッチ	산도잇치	샌드위치
おやこどんぶり	오야꼬돔부리	닭고기계란덮밥
のりまき	노리마끼	김밥

사자성어

- 岡目八目 おかめはちもく 오까메하찌모꾸   외부에서 보는 게 오히려 좋고 나쁨을 잘 알 수 있다.
- 大器晩成 たいきばんせい 타이끼반세-   대기만성
- 大同小異 だいどうしょうい 다이도-쇼-이   작은 차이는 있어도 전체적으로는 거의 변화가 없음
- 有名無実 ゆうめいむじつ 유-메-무지쯔   유명무실

091

잠시 기다려 주십시오.
少々(しょうしょう)お待(ま)ちください。

POINT 학습

♥연결할 때는 어떤 식으로 하면 되지?
- どなたをお探(さが)しですか。
  누구를 찾으십니까?
- ~にお回(まわ)しします。
  ~에 돌려드리겠습니다.
- ~につないでください。
  ~에 연결해 주십시오.
- そのままお待(ま)ちください。
  그대로 기다려 주십시오.

~중　　　　　　　~中(ちゅう)
　　　　　　　　　쥬-

잠시 기다려 주십시오.　少々(しょうしょう)お待(ま)ちください。
　　　　　　　　　　　쇼-쇼-오마찌구다사이

한자가 중복되었을 경우에 쓰이는데, 그 예를 한번 들어볼까요?

- 少々(しょうしょう)　　잠시
- 生々(なまなま)しい　　생생하다

손가락 문법

- 용언, 조동사 종지형+し　~하고

頭(あたま)もいいし、気(き)だてもいい。　머리도 좋고 마음씨도 좋다.
아따마모이-시 기다떼모이-

하루에 두 마디씩 배워요!!

A 金(か)さん、いらっしゃいますか。
  상   이랏샤이마스까

B ただいま話(はな)し中(ちゅう)ですが、
  타다이마 하나시쮸-데스가

  少々(しょうしょう)お待(ま)ちください。
  쇼-쇼- 오마찌구다이

♣TIP
- ~中
  ~하는 동안 줄곧, 내내
- 世界中(せかいじゅういち)
  온세계
- 一日中(にちじゅう)
  하루종일

해석

A 김씨, 계십니까?
B 지금 통화중입니다만,
  잠시 기다려 주십시오.

한 발자국 더

■ 話(はな)し中(ちゅう)です。
  하나시쮸-데스
  통화중입니다.

■ 会議中(かいぎちゅう)です。
  카이기쮸-데스
  회의중입니다.

■ 出張中(しゅっちょうちゅう)です。
  슈-쮸-데스
  출장중입니다.

■ 少々(しょうしょう)お待(ま)ちください。
  쇼-쇼- 오마찌구다사이
  잠시 기다려 주십시오.

■ すぐおつなぎします。
  스구 오쯔나기시마스
  곧 연결하겠습니다.

▶ **단어풀이**

いらっしゃる
계시다

ただいま
「지금, 방금」의 의미도 있음

少々(しょうしょう)
잠시

待(ま)つ
기다리다

話(はな)し中(ちゅう)
통화중

会議中(かいぎちゅう)
회의중

出張中
(しゅっちょうちゅう)
출장중

つなぐ
연결하다

092

내용을 잘 확인해 주십시오.
内容をよく確かめてください。

POINT 학습

잘 확인해 주십시오.　　よく確かめてください。
　　　　　　　　　　　요꾸 타시까메떼구다사이

이의는 없습니다.　　　異議はありません。
　　　　　　　　　　　이기와 아리마셍

유용단어

- 契約条項(けいやくじょうこう) 계약조항
- 決済(けっさい) 결제
- 破棄(はき) 파기
- 契約書(けいやくしょ) 계약서
- 交渉(こうしょう) 교섭
- 支払(しはら)い方法(ほうほう) 지불방법
- 変更(へんこう) 변경
- 費用(ひよう) 비용
- 期間(きかん) 기간
- 合意(ごうい) 합의

손가락 문법

● ~はずがない　　~할 리가 없다.

きょう着(つ)くはずがない。　　오늘 도착할 리가 없다.
쿄- 츠꾸하즈가나이

♥어떻게 해야 현명한 비즈니스맨이 될 수 있을까?
♥그야 깔끔한 복장, 상냥하되 자신감 있는 말투, 좌우지간 상대방에게 신뢰감을 주는 것이 최고 아니겠어?

하루에 두 마디씩 배워요!!

A 契約条項に問題はありませんね。
  케-야꾸죠-꼬-니 몬다이와 아리마센네

  内容をよく確かめてください。
  나이요-오 요꾸 타시까메떼구다사이

B はい、異議はありません。
  하이 이기와 아리마셍

A じゃ、この書類に記入なさってください。
  쟈 코노 쇼루이니 키뉴-나삿떼 구다사이

해석

A 계약조항에 문제는 없죠.
  내용을 잘 확인해 주십시오.
B 예, 이의는 없습니다.
A 그럼, 이 서류에 기입해 주십시오.

한 발자국 더

■ 契約について打ち合わせたいのですが。
  케-야꾸니 츠이떼 우찌아와세따이노데스가
  계약에 대해 상의해 보고 싶은데요.

■ 契約内容に漏れたものはありませんか。
  케-야꾸나이요-니 모레따모노와아리마셍까
  계약내용에 빠진 것은 없습니까?

■ 支払い方法はどうなりますか。
  시하라이호-호-와 도-나리마스까
  지불방법은 어떻게 됩니까?

■ 内容をよく確かめてください。
  나이요-오 요꾸 타시까메떼구다사이
  내용을 잘 확인해 주십시오.

▶ 단어풀이

契約条項(けいやくじょうこう)
계약조항
問題(もんだい)
문제
内容(ないよう)
내용
確(たし)かめる
확인하다
打(う)ち合(あ)わせる
상의하다
漏(も)れる
빠지다
支払(しはら)い方法(ほうほう)
지불방법

093

곧 담당자를 보내겠습니다.
すぐに係(かかり)を伺(うかが)わせます。

♥ 클레임이라는 거 당하는 입장에선 정말 황당할 거야.
♥ 하지만 어쩔 수 없지. 어찌 됐건 잘못한 건 사실이니까.

POINT 학습

대단히 죄송합니다.	まことに申(もう)しわけございません。 마꼬또니 모-시와께고자이마셍
곧 담당자를 보내겠습니다.	すぐに係(かかり)を伺(うかが)わせます。 스구니 카까리오 우까가와세마스

 申(もう)しわけございません

정중도가 높은 사죄의 말로 쓰이는데, 그보다 한 단계 낮은 말로는 「申(もう)しわけございません」이 있습니다.

● ご迷惑(めいわく)をかけて申(もう)し訳(わけ)ございません。
　폐를 끼쳐 드려 죄송합니다.
● お待(ま)たせして申(もう)しわけありません。
　기다리게 해서 죄송합니다.

손가락 문법

● ~のかわりに　～대신해

父(ちち)のかわりに　아버지 대신해
치찌노 가와리니

하루에 두 마디씩 배워요!!

A 注文したものと違うものが届きました。
츄-몬시따모노또 치가우 모노가 토도끼마시따

B まことに申しわけございません。
마꼬또니 모-시와께고자이마셍

　 すぐに係を伺わせます。
스구니 카까리오 우까가와세마스

TIP
- クレーム　　클레임
- 返品(へんぴん)　반품
- 不良(ふりょう)　불량

해석
A 주문한 것과 다른 물건이 왔습니다.
B 대단히 죄송합니다.
　 곧 담당자를 보내겠습니다.

한 발자국 더

■注文した品がまだ届いていないのですが。
츄-몬시따 시나가 마다 토도이떼이나이노데스가
주문한 물품이 아직 도착하지 않았습니다만.

■注文したものと違うものが届きました。
츄-몬시따 모노또 치가우 모노가 토도끼마시따
주문한 것과 다른 물건이 왔습니다.

■すぐ返品してください。
스구 헴삔시떼 구다사이
즉시 반품해 주십시오.

■損害を補償します。
송가이오 호쇼-시마스
손해를 배상하겠습니다.

■早く処理してください。
하야꾸 쇼리시떼 구다사이
빨리 처리해 주십시오.

▶ 단어풀이

違(ちが)う
다르다
届(とど)く
도착하다, 들어오다
まことに
참으로, 대단히
すぐに
곧
係(かかり)
담당자
伺(うかが)う
「찾다, 방문하다」의 겸사말
すぐ
곧
返品(へんぴん)
반품
損害(そんがい)
손해
補償(ほしょう)
배상

094

좀 비싸군요.
ちょっと高(たか)いですね。

POINT 학습

집세는 얼마입니까?	家賃(やちん)はおいくらですか。 야찐와 오이꾸라데스까
좀 비싸군요.	ちょっと高(たか)いですね。 촛또타까이데스네

♥ 요즘 우리도 월세가 점점 늘어가는 추세라며?
♥ 응, 은행금리가 많이 내리는 바람에 그걸 부동산으로 대체하려는 거지.
♥ 그치만 없는 사람들은 점점 힘들 거 아니야.
♥ 하긴 그래. 어서 경제가 안정되어야 할텐데.

 ちょっと

「ちょっと」의 뜻을 잠시 짚고 넘어갈까요? 우선 여기 나오는 '좀, 조금'의 의미와 '잠깐'이라는 뜻도 있었습니다.

● ちょっと高(たか)い。　　　　　좀 비싸다.
● ちょっと待(ま)ってください。　잠깐 기다려 주십시오.

손가락 문법

● 동사ます형+たまま　　～한 채로

でかけたまま帰(かえ)って来(こ)ない。
데까께따마마 카엣떼코나이
나간 채로 돌아오지 않다.

하루에 두 마디씩 배워요!!

A 家賃はおいくらですか。
야찐와 오이꾸라데스까

B 6万円です。
로꾸만엔데스

しききんと礼金はそれぞれ家賃の2か月分です。
시끼낀또 레-낀와 소레조레 야찐노니까게쯔분데스

A ちょっと高いですね。
촛또 타까이데스네

해석

A 집세는 얼마입니까?
B 6만엔입니다.
　 보증금과 사례금은 각각 집세의 2개월분입니다.
A 좀 비싸군요.

한 발자국 더

■ 家賃はおいくらですか。
야찐와 오이꾸라데스까
집세는 얼마입니까?

■ ~円ぐらいのはありますか。
엔구라이노와 아리마스까
~엔 정도 하는 게 있습니까?

■ 高いですね。
타까이데스네
비싸군요.

■ おいくらぐらいの物を探しているんですか。
오이꾸라구라이노 모노오 사가시떼이룬데스까
얼마 정도의 집을 찾고 있습니까?

▶단어풀이

家賃(やちん)
집세
しききん
보증금
礼金(れいきん)
사례금
それぞれ
각각
高(たか)い
비싸다
探(さが)す
찾다

095

좀더 싼 것은 없습니까?
もっと安(やす)いのはありませんか。

POINT 학습

너무비쌉니다.   高(たか)すぎます。
               다까스기마스

좀더 싼 것은 없습니까?   もっと安(やす)いのはありませんか。
                       못또 야스이노와 아리마셍까

♥전자제품에는 어떤 것들이 있을까?
♥ ・テレビ 텔레비전
  ・洗濯機(せんたくき) 세탁기
  ・コンピューター 컴퓨터
  ・パソコン 개인용 컴퓨터
  ・ビデオ 비디오
  ・冷蔵庫(れいぞうこ) 냉장고
♥그럼 언니! 핸드폰은 뭐라고 하지?
♥携帯電話(けいたいでんわ), 줄여서 그냥 携帯(けいたい)라고 해.

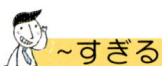 ~すぎる

동사의 ます형, 형용사나 명사형용사의 어간(변하지 않는 부분)에 붙어 '너무~하다'라는 좀 도가 지나치다는 식의 느낌을 전달합니다.

● 高(たか)すぎる。   너무 비싸다
● 大(おお)きすぎる。   너무 크다

 손가락 문법

● 동사미연형 + ないで   ~하지 말고

泣(な)かないで   울지 말고
나까나이데

하루에 두 마디씩 배워요!!

A このカメラはいくらですか。
코노 카메라와 이꾸라데스까

B 6万円です。
로꾸만엔데스

A 高すぎます。もっと安いのはありませんか。
타까스기마스　못또 야스이노와 아리마셍까

B じゃ、こちらはいかがですか。
쟈　코찌라와 이까가데스까

♣ TIP
가격할인 열전
- 安(やす)くしてください。
  싸게 해 주십시오.
- まけてください。
  깎아 주십시오.
- 勉強(べんきょう)してください。
  깎아 주세요.

해석

A 이 카메라는 얼마입니까?
B 6만엔입니다.
A 너무 비쌉니다. 좀 더 싼 것은 없습니까?
B 그럼, 이것은 어떠십니까?

한 발자국 더

■ 高すぎます。
　타까스기마스
　너무 비쌉니다.

■ 小さすぎます。
　치-사스기마스
　너무 작습니다.

■ もっと安いのはありませんか。
　못또 야스이노와 아리마셍까
　좀더 싼 것은 없습니까?

■ 少しまけてくれませんか。
　스꼬시 마께떼 구레마셍까
　좀 깎아 주시겠습니까?

▶ 단어풀이

カメラ 카메라
いくら 얼마
高(たか)すぎる 너무 비싸다
もっと 좀 더
安(やす)い 싸다
高(たか)い 비싸다
小(ち)さい 작다
まける 깎다

096

지금 품절입니다.
いま品切(しなぎ)れです。

♥ 일본은 책 많이 읽는 나라로 유명하지.
♥ 우리처럼 책 안 읽는 이들이 또 있을까.
♥ 가을이 독서의 계절이니 뭐니 하지만 사실 그때가 책이 제일 안팔리는 계절이래.
♥ 신학기나 돼야 작정들을 하고 읽는다는 소리지. 너부터라도 책을 많이 읽는 습관을 들여, 아니 아예 생활의 일부로 생각해. 다 피가 되고 살이 되는 이 언니의 충고란다.

POINT 학습

품절입니다.	品切(しなぎ)れです。
	시나기레데스
언제 나옵니까?	いつ出(で)ますか。
	이쯔 데마스까

 品切れ

「品切(しなぎ)れ(품절)」이라는 뜻이지요. 서점에서 찾고 있는 책이 없을 경우, 참 난감하지요. 이럴 경우 듣게 되는 말입니다.

● 在庫(ざいこ)がないです。品切(しなぎ)れになっております。

손가락 문법

● 동사ます형 + やすい   ~하기 쉽다

入(はい)りやすい。   들어가기 쉽다.
하이리야스이

하루에 두 마디씩 배워요!!

A すみませんが、いま品切れです。
스미마셍가　　　　　이마 시나기레데스

B では、いつ出ますか。
데와　　　이쯔 데마스까

A 5日後に出ます。取り寄せますか。
이쯔까아또니 데마스　　토리요세마스까

B はい、お願いします。
하이　　오네가이시마스

해석

A 죄송합니다만, 지금 품절입니다.
B 그럼 언제 나옵니까?
A 5일 후에 나옵니다. 주문을 할까요?
B 예, 부탁합니다.

한 발자국 더

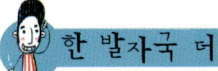

■品切れです。
시나기레데스
품절입니다.

■切らしております。
키라시떼오리마스
떨어졌습니다.

■~にございます。
니 고자이마스
~에 있습니다.

■扱っておりません。
아쯔깟떼 오리마셍
취급하고 있지 않습니다.

▶ 단어풀이

品切(しなぎ)れ
품절
いつ
언제
出(で)る
나오다
後(~あと)
~후
取(と)り寄(よ)せる
(주문해서)가져오게 하다
切(き)らす
다 떨어뜨리다
扱(あつか)う
취급하다

231

097

하루에 세 번 한 캅셀씩 드십시오.
いちにち　さんかい
1日に3回1カプセルずつ飲んでください。

♥ 일본도 처방전이 있어야 약을 산다니까 약 사기 힘들겠네.
♥ 그래도 가벼운 진통제나 소화제, 해열제 정도는 구할 수 있어. 비싼 게 흠이지만.
♥ 그럼 언니 말대로 웬만한 것은 준비해 가야겠구나.
♥ 아참! 일본의 약국은 치약, 샴푸, 화장품 같은 것도 다 판단다.

POINT 학습

하루에 3번 드십시오.　　　1日に3回飲んでください。
　　　　　　　　　　　　이찌니찌 상까이 논데구다사이

알겠습니다.　　　　　　　　わかりました。
　　　　　　　　　　　　와까리마시따

 飲(の)む

'약을 먹다'에서 '먹다'의 경우엔 우리가 의례적으로 생각할 수 있는 「食べる」가 아닌 「飲む」를 써야 합니다. 이 「飲む」에는 '마시다'라는 본래의 의미 이외에도 '약을 복용하다'는 뜻도 있거든요.

● 食後(しょくご)に飲(の)んでください。　　식사 후에 드십시오.

손가락 문법

● ぜひ　부디, 제발

　ぜひお願(ねが)いします。　　제발 부탁합니다.
　제히 오네가이시마스

하루에 두 마디씩 배워요!!

A これです。
코레데스

1日に3回1カプセルずつ飲んでください。
이찌니찌니 상까이 이찌카푸세루즈쯔 논데구다사이

B わかりました。いくらですか。
와까리마시따 이꾸라데스까

A 2000円です。
니셍엔데스

> **TIP**
> 약의 종류
> • 錠剤(じょうざい)
>   정제
> • 丸薬(がんやく)
>   알약
> • 塗(ぬ)り薬(くすり)
>   바르는 약
> • 付(つけ)薬(くすり)
>   부치는 약
> • 粉薬(こなぐすり)
>   가루약

해석

A 여기 있습니다.
 하루에 3번 1캅셀씩 드십시오.
B 알겠습니다. 얼마입니까?
A 2000엔입니다.

한 발자국 더

■ 薬は何回飲むのですか。
쿠스리와 낭까이 노무노데스까
약은 몇 회나 복용합니까?

■ 1日に3回食後にお飲みください。
이찌니찌 상까이 쇼꾸고니 오노미구다사이
하루에 3번 식후에 드십시오.

■ 6時間ごとに飲んでください。
로꾸지깡고또니 논데구다사이
6시간마다 드십시오.

■ 食前ですか、食後ですか。
쇼꾸젠데스까 쇼꾸고데스까
식전입니까? 식후입니까?

▶ 단어풀이

3回(さんかい)
3번
カプセル
캅셀
ずつ
씩
飲(の)む
(약을) 복용하다
薬(くすり)
약
食後(しょくご)
식후
~ごとに
~마다

098 이가 욱신욱신 쑤십니다.
歯がズキズキ痛いんです。

- ♥병원에 무슨 무슨 진료 과목이 있더라?
- ♥대표적인 거 몇 개만 알려줄께
  - 内科(ないか) 내과
  - 外科(げか) 외과
  - 小児科(しょうにか) 소아과
  - 耳鼻咽喉科(じびいんこうか) 이비인후과
  - 整形外科(せいけいげか) 정형외과
  - 皮膚科(ひふか) 피부과
  - 眼科(がんか) 안과
  - 歯科(しか) 치과
  - 産婦人科(さんふじんか) 산부인과

POINT 학습

이가 욱신욱신 쑤십니다.	歯がズキズキ痛いんです。 하가 즈끼즈끼 이따인데스
언제부터 아픕니까?	いつから痛いのですか。 이쯔까라 이따이노데스까

증상호소

- 頭(あたま)が痛(いた)いです。　머리가 아픕니다.
- 寒(さむ)けがします。　오한이 납니다.
- 吐(は)きそうです。　토할 것 같습니다.
- せきも出(で)ます。　기침도 납니다.
- 下痢(げり)をしています。　설사를 합니다.

손가락 문법

- (か)とおもうと　　~했는가(~나) 했더니
- 泣(な)くとおもうと　　우는가 했더니

🐭 하루에 두 마디씩 배워요!!

A 歯がズキズキ痛いんです。
　하가 즈끼즈끼 이따인데스

B いつから痛いのですか。
　이쯔까라 이따이노데스까

A きのうからです。
　키노-까라데스

B 口を開けてください。
　쿠찌오 아께떼구다사이

해석
A 이가 욱신욱신 쑤십니다.
B 언제부터 아팠습니까?
A 어제부터입니다.
B 입을 벌려 보십시오.

한 발자국 더

■ 歯がズキズキ痛いんです。
　하가 즈끼즈끼 이따인데스
　이가 욱신욱신 아픕니다.

■ ゆうべほとんどねむれませんでした。
　유-베 호똔도 네무레마센데시따
　지난 밤에 거의 못잤습니다.

■ いつからですか。
　이쯔까라데스까
　언제부터입니까?

■ ~からです。
　까라데스
　~부터입니다.

▶ 단어풀이

歯(は)
이
ズキズキ
욱신욱신
きのう
어제
口(くち)を開(あ)ける
입을 벌리다
ゆうべ
어제 저녁
ねむる
자다

099

올해 몇이십니까?
今年おいくつになりますか。

♥언니, 무슨 띠냐고 물어볼 때는 뭐라고 하면 되지?
♥何(なん)どしですか。라고 하면 되지.
♥띠가 ~どし구나.

POINT 학습

올해 몇이십니까?   今年おいくつになりますか。
                고또시 오이꾸쯔니나리마스까

~세입니다.   ~才です。
                사이데스

나이 세는 방법

- 1세 (いっさい)   · 2세 (にさい)   · 3세 (さんさい)   · 4세 (よんさい)
- 5세 (ごさい)   · 6세 (ろくさい) · 7세 (ななさい)   · 8세 (はっさい)
- 9세 (きゅうさい) · 10세 (じゅっさい, じっさい) · 何才 (なんさい)

*단, 회화체에서는 한 살에서 열 살까지 ひとつ, ふたつ로 말하는 것이 보통이다.

손가락 문법

●형용사, 명사형용사 어간+がる   ~하다(그렇게 생각하다)

かわいがる。   귀여워하다.
카와이가루

하루에 두 마디씩 배워요!!

A　お父(とう)さんは今年(ことし)おいくつになりますか。
　　오또-산와 고또시 오이꾸쯔니나리마스까

B　父(ちち)は62才です。
　　치찌와 로꾸쥬-니사이데스

A　お元気(げんき)ですか。
　　오겡끼데스까

B　ええ、おかげさまで元気(げんき)です。
　　에-　　오까게사마데 겡끼데스

> **♣ TIP**
> 스무 살은 읽는 법이 조금 특이합니다.
> ・20才(にじゅっさい)
> 　니사이 (X)
> ・20才(はたち)
> 　하따찌 (O)

해석

A　아버님은 올해 몇이십니까?
B　아버지는 62세입니다.
A　건강하십니까?
B　예, 덕분에 건강합니다.

한 발자국 더

■ お父(とう)さんは今年(ことし)おいくつになりますか。
　오또-산와 고또시 오이꾸쯔니나리마스까
　아버님은 올해 몇이십니까?

■ ~才(さい)です。
　사이데스
　~살 입니다.

■ おいくつですか。
　오이꾸쯔데스까
　몇 살입니까?

■ 何年(なんねん)うまれですか。
　난넹우마레데스까
　몇 년생입니까?

▶ **단어풀이**

今年(ことし)
금년, 올해

おいくつ
몇 살, 몇 세

~才(さい)
~살, ~세

何年(なんねん)うまれ
몇 년생

237

100

전화 왔었다고 전해 주시겠습니까?
電話（でんわ）があったとお伝（つた）えいただけますか。

POINT 학습

언제쯤 돌아오십니까?
いつごろお帰（かえ）りになりますか。
이쯔고로 오까에리니나리마스까

전화 왔었다고 전해 주시겠습니까?
電話（でんわ）があったとお伝（つた）えいただけますか。
뎅와가 앗따또 오쯔따에이따다께마스까

♥ 전하는 말에 관해 더 공부해 볼까?
- 戻(もど)りましたらお電話(でんわ)させましょうか。
  돌아오면 전화 드리라고 할까요?
- お電話(でんわ)をいただきたいとお伝えください。
  전화해 주십사고 전해 주십시오.

 ~と

~(하)고, ~(라)고, (으)로의 의미로 내용을 가리키는데 쓰입니다.

- いいと思（おも）います。
  좋다고 생각합니다.
- 電話（でんわ）があったとお伝（つた）えください。
  전화가 왔었다고 전해 주십시오.

손가락 문법

- 가정형, 연체형+ほど　　～하면 ～할수록

  のめばのむほど　　마시면 마실수록
  노메바 노무호도

하루에 두 마디씩 배워요!!

A いつごろお帰りになりますか。
이쯔고로 오까에리니나리마스까

B 6時ごろに帰ってきます。
로꾸지고로니 카엣떼기마스

A では、電話があったとお伝えいただけますか。
데와 뎅와가 앗따또 오쯔따에이따다께마스까

해석

A 언제쯤 돌아오십니까?
B 6시쯤에 돌아옵니다.
A 그럼 전화 왔었다고 전해 주시겠습니까?

■ いつごろお帰りになりますか。
이쯔고로 오까에리니나리마스까
언제쯤 돌아오십니까?

■ 何時ごろならいらっしゃいますか。
난지고로나라 이랏샤이마스까
몇 시쯤이면 계십니까?

■ 電話があったとお伝えください。
뎅와가 앗따또 오쯔따에구다사이
전화가 왔었다고 전해 주십시오.

■ 何かおことづけでもありますか。
나니까 오꼬또즈께데모 아리마스까
무슨 전할 말씀이라도 있습니까?

■ 折り返し電話お願いします。
오리까에시뎅와 오네가이시마스
돌아오시는 대로 전화 부탁합니다.

▶ 단어풀이

いつごろ
언제쯤
電話(でんわ)
전화
伝(つた)える
전하다
~なら
~면
ことづけ
전언

239

단어실력 쑤~욱
회화실력 쑤~욱

■■■ 가구 · 가전

たんす	탄스	장롱	テレビ	테레비	텔레비젼
本箱	홈바꼬	책장	ラジオ	라지오	라디오
押入	오시-레	벽장	洗濯機	센따꾸끼	세탁기
ベッド	벳도	침대	冷蔵庫	레-조-꼬	냉장고
ソファー	소화-	소파	ガスレンジ	가스렌지	가스렌지
机	츠꾸에	책상	カセット	카셋또	카세트
椅子	이스	의자	ビデオ	비데오	비디오
テーブル	테-부루	테이블	電気スタンド	뎅끼스딴도	전기스탠드
下駄箱	게따바꼬	신발장	エアコン	에아꽁	에어콘
茶だんす	챠단스	찻장	コンピューター	콤퓨-타-	컴퓨터
戸棚	토다나	찬장	そうじき	소-지끼	청소기
ドレッサー	도렛사-	화장대	アイロン	아이롱	다리미
ハンガー	항가-	옷걸이	扇風機	셈뿌-끼	선풍기
鏡	카가미	거울	電話	뎅와	전화
食卓	쇼꾸따꾸	식탁	携帯	케-따이	휴대폰